INVENTAIRE

DE LA

COLLECTION DES OUVRAGES ET DOCUMENTS

SUR

MICHEL DE MONTAIGNE

RÉUNIS

Par le Dr J.-F. PAYEN

ET CONSERVÉS A LA BIBLIOTHÈQUE NATIONALE

Rédigé et précédé d'une Notice

Par Gabriel RICHOU

Archiviste-paléographe,
Conservateur de la Bibliothèque de la Cour de cassation.

BORDEAUX
IMPRIMERIE GÉNÉRALE D'ÉMILE CRUGY
16, rue et hôtel Saint-Siméon, 16
1877

INVENTAIRE

DE LA

COLLECTION DES OUVRAGES ET DOCUMENTS

SUR

MICHEL DE MONTAIGNE

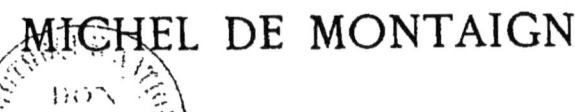

INVENTAIRE

DE LA

COLLECTION DES OUVRAGES ET DOCUMENTS

SUR

MICHEL DE MONTAIGNE

réunis

Par le D*r* J.-F. PAYEN

ET CONSERVÉS A LA BIBLIOTHÈQUE NATIONALE

Rédigé et précédé d'une Notice

Par Gabriel RICHOU

Archiviste-paléographe,
Conservateur de la Bibliothèque de la Cour de cassation.

BORDEAUX

IMPRIMERIE GÉNÉRALE D'ÉMILE CRUGY

16, rue et hôtel Saint-Siméon, 16

1877

NOTICE
SUR
LA COLLECTION PAYEN

Après trois siècles, la gloire de Montaigne conserve encore un assez vif éclat pour rejaillir sur ceux-là mêmes, amis, disciples ou admirateurs, qui viennent se grouper auprès d'elle. L'amitié de l'auteur des *Essais* n'a pas moins fait pour la renommée de La Boëtie que le *Traité du Contre un ;* le titre de *fille d'alliance de Montaigne* illustra plus Mlle de Gournay que les *Advis et présents* ou que *Le Proumenoir ;* citerait-on aussi souvent le traité *De la Sagesse* si Charron n'avait abrité son œuvre sous le patronage de Montaigne? De notre temps, M. Payen pensa sans doute que son admiration enthousiaste pour le moraliste périgourdin lui devait mériter une place dans ce cycle *Montagnesque* (le mot n'est pas de nous). Il ne se trompa pas; si l'on ne peut se figurer M. Payen sans Montaigne, il faut reconnaître qu'on apprécie et qu'on aime mieux Montaigne après avoir lu les publications de M. Payen.

Ce n'est pas ici le lieu d'expliquer ce culte de quarante ans voué par le disciple à son maître. L'inventaire de la COLLECTION PAYEN s'adresse surtout aux admirateurs de Montaigne, et ceux-ci n'ont nul besoin qu'on leur rappelle le mérite des *Essais*. La verve toute gasconne de Montaigne, s'élevant parfois jusqu'à l'éloquence, son style pittoresque, d'un piquant contraste avec la langue simple et naïve d'Amiot, son satyrique mais immuable bon sens et jusqu'à l'allure de hasard qu'affecte son livre et qui en rend la lecture plus vive et plus facile, ne l'ont-ils pas placé dès longtemps au premier rang des moralistes et des écrivains ?

« J'ai mis au service de Montaigne autant de désintéressement que d'amour », écrivait le docteur, et ces mots résument toute sa vie. Né à Paris le 24 juillet 1800, depuis ses derniers examens, brillament passés en 1828, M. Payen ne cessa de consacrer ses loisirs à Montaigne; nous n'avons pas à dire par quels travaux professionnels il s'acquit l'estime de ses confrères et un certain renom médical, nous ne nous occupons ici que du *Montaignophile*.

C'est en 1837 que M. Payen fit paraître son premier travail : *Notice bibliographique sur Montaigne* (1). Il y ajouta depuis deux suppléments. M. Templeman préparait la belle édition des *Œuvres de Montaigne*

---

(1) Cette Notice parut en tête de l'édition des *Œuvres de Montaigne* publiée par M. Buchon dans le *Panthéon littéraire*. Paris, Duverger, 1837, in-8º.

qu'il a donnée à Londres en 1842 ; il la fit précéder de la Notice du docteur, traduite en anglais. Seize ans plus tard, M. Payen, qui ne s'occupait pas seulement de Montaigne, mais aussi des amis et des proches de l'auteur des *Essais*, publia un pendant à sa *Notice sur Montaigne*, sous ce titre : *Notice bio-bibliographique sur* LA BOETIE, *l'ami de Montaigne, suivie de la* SERVITUDE VOLONTAIRE, *donnée pour la première fois selon le vrai texte de l'auteur* (1). Dans l'intervalle, M. Payen avait publié une série de *Documents inédits* en brochures (2) peu volumineuses, il est vrai, mais riches en renseignements nouveaux et remarquables par la sagacité critique dont l'auteur y fait preuve. La dernière partie parut en 1856 sous le titre de *Recherches*.

Il est regrettable que ces travaux n'aient jamais été mis dans le commerce ; M. Payen les faisait tirer à très-petit nombre, et seulement pour les érudits ou les délicats, auxquels il se faisait un plaisir de les offrir. Quand l'une de ces publications figure dans une vente, elle est fort recherchée des amateurs, et le docteur, si modeste qu'il fût, notait avec satisfaction, sur un de ses volumes, que son *Appel aux érudits*, une plaquette de 24 pages, était monté jusqu'à 37 fr. 50 c. (3). L'amour-propre de l'auteur

---

(1) Paris, Didot, 1853, in-8º.
(2) Voy. plus loin dans la section V.
(3) *Appel aux érudits*, pour retrouver les citations, allusions, allégations... qui se trouvent dans les *Essais*. — Paris, Giraudet et Jouaust, 1857, in-8º.

a pu être agréablement flatté de cette constatation, mais le public et Montaigne lui-même ont souffert de la rareté qui produit ce renchérissement. En effet, si le résultat des études du docteur eût été accessible à tous, on ne réimprimerait pas aussi souvent mainte sottise et mainte calomnie contre Montaigne, telles que ce reproche de lâcheté que M. Payen a victorieusement réfuté et qu'il ne pouvait entendre sans protester avec indignation.

Quoi qu'il en soit, dans ces *Documents,* M. Payen a reproduit toutes les lettres autographes qu'il a pu connaître ; il a établi l'authenticité des unes et contesté celle des autres, avec bonnes preuves à l'appui; il a édité les annotations de Montaigne et de sa fille Eléonore sur un exemplaire des *Éphémérides de Beuther;* il a aussi publié une page entièrement écrite de la main de Montaigne sur un exemplaire des *Commentaires de César,* appartenant à M. Parison, acheté depuis, à la vente de ce dernier, par M. le duc d'Aumale. M. Payen a, de plus, réfuté quelques erreurs et comblé quelques lacunes de la *Vie publique de Montaigne,* ouvrage justement estimé de M. Alphonse Grün, ancien rédacteur en chef du *Moniteur;* dans cette critique parfois un peu âpre, M. Payen donne d'intéressants détails sur la généalogie des Eyquem, ancêtres de notre auteur; sur leur noblesse, la fortune personnelle de Michel, la résignation de son office de conseiller au Parlement de Bordeaux en faveur de Florimond de Ræmond; il y donne aussi la date du voyage de Montaigne à

Rouen (1562); il y détermine avec exactitude l'emplacement de la maison d'habitation de Montaigne à Bordeaux (1), grâce à une aquarelle du baron de Vèze, prise d'après nature en 1813 et reproduite par une lithographie de Mlle Marie Payen. Plus loin, enfin, il nous fait connaître le tombeau de Montaigne, placé dans l'église des Feuillants de Bordeaux, et il rétablit le vrai sens des inscriptions, latine et grecque, qui ont donné lieu à des interprétations si étranges, qu'on en était arrivé à prendre Grimon Eyquem, père de Pierre et aïeul de Michel, pour la mère de ce dernier et la femme de son fils Pierre !

Ces diverses publications de M. Payen étaient fort estimées dans le monde littéraire; on ne se hasardait guère à écrire sur Montaigne sans avoir, au préalable, consulté le docteur, et souvent on préférait lui laisser, comme au plus digne, l'honneur de mettre en lumière tel point obscur qu'on avait éclairci. La volumineuse correspondance qui fait partie de notre collection révèle les noms d'érudits nombreux dont l'obligeance désintéressée ne se démentit jamais. Découvraient-ils quelque détail inédit, la solution d'un problème inutilement discuté; rencontraient-ils un ouvrage ou seulement un *testimonium* relatif à Montaigne que le docteur pût ignorer, ils lui en faisaient hommage et renonçaient à leur droit de primauté. Parmi les plus assidus de

---

(1) *Maison d'habitation* de Michel Montaigne à Bordeaux. — Paris, Téchener, 1855, in-8º.

ces correspondants, citons : MM. Gustave Brunet, de Bordeaux, le bibliographe bien connu; Jules Delpit, aussi de Bordeaux; Lapeyre, bibliothécaire de Périgueux; Péricaud, de Lyon; Floquet, de Rouen, qui se voua à Bossuet comme M. Payen à Montaigne; Rostain, Reinhold Dezeimeris, membre de l'Académie de Bordeaux; Émile Bary, professeur au Lycée Charlemagne; de Cazenave, descendant de Bertrand de Montaigne, seigneur de Mattecoulon et frère de Michel; de Cayrol, de Compiègne; l'abbé Audierne, de Périgueux; etc... On ne parlait plus de l'auteur des *Essais* sans ajouter quelque compliment à l'adresse de M. Payen. M. Villemain (1), s'étant étonné de ce que M. Payen n'avait pas réimprimé la traduction de la *Théologie naturelle* de Remon Sebon, publiée par Montaigne vers 1569, pour satisfaire à un désir de son père, le docteur répondit dans une lettre à M. G. Brunet (2), que la seule crainte de manquer de lecteurs l'en avait empêché. « Il redoutait, dit-il, le danger de tomber » dans le discrédit, au pilori de la boîte à 20 cen- » times. L'étalage des quais a, j'en conviens, ses » jours de gloire, et on s'y trouve souvent en » brillante compagnie, mais pourtant on ne se décide » pas aisément à travailler pour arriver directement

---

(1) *Journal des Savants,* juillet 1855.

(2) *Un mot de réponse* au très-érudit M. Gustave Brunet, de Bordeaux, au sujet de son article sur Remon Sebon (lettre insérée dans *Le Quérard*, octobre-novembre 1855).

» à ce Panthéon... Je ne doute pas que le petit
» nombre d'exemplaires qui sont en circulation ne
» suffise au plus petit nombre de lecteurs pour qui
» cet ouvrage conserve encore quelque intérêt. »

Si utiles qu'ils soient, les travaux de M. Payen n'ont pas le caractère de l'œuvre d'ensemble qu'il a rêvée certainement, sans avoir eu le temps de l'exécuter.

« M. Payen qui pourrait, mieux que personne, disait M. Grün (1), écrire l'histoire complète de celui qu'il aime avec tant de passion, s'est borné jusqu'ici à des publications partielles où l'on entrevoit à peine les bases de l'édifice qu'il lui siérait si bien d'élever. » De tous côtés, les amis de Montaigne pressaient le docteur Payen de donner enfin l'édition *optima* des œuvres de Montaigne qui reste encore à faire. Dès 1843, M. Gustave Brunet, que nous avons nommé tout à l'heure, demandait, dans *la Quotidienne,* quand cette édition déjà promise verrait le jour, et, le 2 décembre 1857, il l'annonçait dans un article de la *Correspondance littéraire.* Une note indiscrète insérée dans *Notes and queries* (9 janvier 1858) nous apprend que cette édition sera aussi complète que possible, et qu'elle paraîtra dans la *Bibliothèque elzévirienne* de P. Jannet. Néanmoins M. Payen différait toujours, travaillait, annotait ses exemplaires, mais ne se sentait jamais prêt. Enfin, en 1862, il résolut de prendre pour collabo-

---

() *Vie publique de Montaigne,* préface, p. VIII.

rateur, dans cette œuvre importante, M. Reinhold Dezeimeris, connu par son édition de Pierre de Brach, poète bordelais, contemporain de Montaigne. Aux propositions de M. Payen, M. Dezeimeris répondit : « Tout ce que vous me dites sur Montaigne est trop flatteur pour moi. Vous devez le publier et le publier seul; tout autre que vous le ferait d'une manière imparfaite, et c'est de vous qu'on l'attend (1). »

Il accepta cependant; mais l'année suivante, quelques divergences s'élevèrent entre les collaborateurs, la susceptibilité s'en mêla, et l'édition projetée fut encore ajournée (2).

M. Payen se remit à l'œuvre et s'associa M. Burgaud des Marets; il comptait reprendre le texte de 1595, publié par Mlle de Gournay, d'après les notes qu'avait laissées Montaigne, et le compléter à l'aide d'un exemplaire de 1588, date de la dernière édition de son livre imprimée durant sa vie, conservé à la Bibliothèque de la ville de Bordeaux. Il était trop tard. La mort surprit M. Payen le 7 février 1870, et son collaborateur ne lui survécut guère. Comme nous le disions plus haut, l'édition *optima* de Montaigne reste encore à faire. Du moins, les matériaux sont

---

(1) Lettre du 22 mai 1862.

(2) M. Dezeimeris n'abandonna pas tout à fait ce travail. En 1870, l'année même de la mort du docteur, il réédita, avec M. Barckhausen, pour la *Société des Bibliophiles de la Guyenne*, le texte original de l'édition de 1580 avec les variantes des éditions de 1582 et 1587.

réunis; le Montaignophile qui tentera de relever l'héritage de M. Payen trouvera les voies préparées; il n'aura qu'à mettre en œuvre et coordonner les notes éparses dans les manuscrits qui font partie de la précieuse collection du docteur, achetée par la Bibliothèque nationale.

Il est temps de dire quelques mots de cette collection.

Depuis longtemps, on savait que M. Payen avait rassemblé dans sa bibliothèque, à grand'peine et à grands frais, tout ce qui, de près ou de loin, se rattachait à Montaigne. Sur la fin de sa vie, le docteur avait exprimé le désir que cette collection, si péniblement formée, ne fût point dispersée dans une vente aux enchères, mais cédée à une bibliothèque publique. M. Jules Taschereau, alors administrateur de la Bibliothèque nationale, s'empressa de faire des ouvertures aux héritières de M. Payen, et, après une double estimation par MM. P. Jannet et Louis Potier, au nom des parties respectives, il acquit la collection sur Montaigne moyennant une somme de 31,000 fr. Une clause expresse du contrat de vente portait que cette collection, au lieu d'être versée dans d'autres fonds, serait maintenue dans son intégrité et déposée en un cabinet spécial sous le titre de COLLECTION PAYEN. Ajoutons que Mlles Payen ont très-gracieusement fait don à la Bibliothèque nationale des manuscrits et des notes du docteur qui forment une des plus intéressantes catégories du catalogue qui suit.

Nous devons maintenant indiquer le système de classement que nous avons adopté dans notre inventaire et signaler les volumes et autographes qui méritent une attention spéciale.

Notre catalogue se compose des dix sections suivantes :

I. ŒUVRES DE MONTAIGNE. — Toutes les éditions des *Essais* y figurent. Citons seulement les plus recherchées : deux exemplaires de l'édition originale de 1580, l'un qui appartint à une demoiselle de Montaigne, vraisemblablement la fille de Michel; il provient de la bibliothèque de M. Louis Aimé-Martin; l'autre exemplaire appartenant à une reine Élisabeth; il contient une ligne d'*errata* de plus que tous les exemplaires connus jusqu'ici. Selon M. Payen, il s'agit de la reine d'Angleterre; suivant d'autres, de la reine de France, Élisabeth d'Autriche, femme de Charles IX. La reliure, fort belle, porte un semis de fleurs de lys d'or et le chiffre E. R. surmonté d'une couronne royale. — Viennent ensuite trois exemplaires de l'édition de 1588, la dernière parue du vivant de Montaigne; trois aussi de celle de 1595, donnée par Mlle de Gournay. — Dans un autre genre, il faut citer un exemplaire de 1608, annoté par Jamet; un de la première édition publiée par Coste, à Londres, en 1724, relié aux armes du duc de Valentinois et annoté par de Pougens et Théodore Lorin; un de 1745, annoté par Naigeon, qui provient du cabinet d'Amaury-

Duval; un, enfin, de 1754, interfolié et annoté par François de Neufchâteau; il appartenait, avant d'entrer dans la COLLECTION PAYEN, à M. Pihan de la Forest.

II. TRADUCTIONS DES ŒUVRES DE MONTAIGNE EN LANGUES ALLEMANDE, ANGLAISE, HOLLANDAISE ET ITALIENNE.

III. OUVRAGES AYANT APPARTENU A MONTAIGNE, PORTANT SA SIGNATURE OU QUELQUES LIGNES DE SA MAIN. — Tous les volumes de cette catégorie ont une valeur sur laquelle il est inutile d'insister; ne pouvant nous arrêter qu'à quelques-uns, nous choisirons ceux que recommande un autographe important : *L'Histoire des rois de Pologne par Herbert de Fulstin, traduite par Fr. Baudoin (1573).* On trouve écrit sur le dernier feuillet : « *Achevé de lire en 1586 à Montaigne (52). C'est un abrégé de l'histoire, simple et sans ornement.* » Ce chiffre (52) indique que Montaigne, né en 1533, avait alors 52 ans. — *La Chronique de Flandres, par D. Sauvage, de Fontenailles-en-Brie (1562).* A la fin : « *Achevé de lire le 6 mars 1586 (52) à Montaigne. — L'histoire de Flandres est chose commune et mieux ailleurs; l'introduction ennuieuse de harangues et præfaces; les mémoires, c'est un plesant livre et utile, notammant à entandre les loix des combats et joutes, subjet propre à cet autheur et dict en avoir escrit particulierement sa narration exacte en toutes choses et consciantieuse. Il faict mantion de Philippe de Com-*

mines, comme Philippe de Commines de luy. » — Sur le titre d'un Virgile de 1539 : « *Michael Montanus me possidet, anno D. 1549, ætatis prope 16, cal. januarii. Venundatur 44 s., cum indice Erythræi.* »

IV. OUVRAGES DES PARENTS, AMIS ET CONTEMPORAINS DE MONTAIGNE. — Outre les diverses éditions des œuvres d'Étienne de La Boëtie et de Mlle de Gournay, nous signalerons dans cette section : *Le Sensé, raisonnant sur les passages de l'Escriture saincte, par Charles de Gamaches* (gendre de Montaigne). Cet ouvrage est « un des plus rares parmi les rarissimes », dit M. Payen, qui n'en a connu que deux exemplaires : l'un offert par M. Ravenel, en 1839, à la Bibliothèque royale ; l'autre, celui de sa collection, qui, vingt-trois ans plus tard, lui fut signalé par M. Guillemot. « Entre cette annonce et l'acquisition, écrit le docteur, il n'y a eu que l'intervalle qui sépare un bout du Pont-Neuf du quai des Augustins (1). »

V. OUVRAGES MANUSCRITS ET IMPRIMÉS DE M. J.-F. PAYEN. — C'est dans ce groupe que sont rangés, par ordre alphabétique des matières, les papiers et travaux du docteur ; nous y avons fait entrer les exemplaires des *Essais* interfoliés et annotés par lui, en vue de l'édition projetée dont nous parlons plus haut. Nous nous sommes efforcé de conserver

---

(1) Note du 28 janvier 1862.

scrupuleusement l'ordre adopté par M. Payen pour le classement de ses manuscrits; si quelquefois la rédaction de certains titres étonne, nous déclinons toute responsabilité, nous étant borné à reproduire le texte du collectionneur.

VI. Ouvrages se rapportant spécialement ou incidemment a Montaigne, a ses parents et a ses amis. — Ce chapitre, le plus long du catalogue, n'en est peut-être pas le plus intéressant; il comprend un nombre considérable de volumes sans valeur aucune. Cependant, on y trouve un ouvrage de Christophe Kormart, presque aussi rare que *Le Sensé* : c'est l'*Abrégé des mémoires illustres contenant les plus remarquables affaires d'État, enrichi d'un sommaire des Essais de Montaigne* (1). M. Payen le rencontra, en janvier 1849, à la vente de M. Jérôme Bignon. Depuis, un autre exemplaire fut acheté par M. Ch. Giraud, en 1851, à la vente du cabinet de M. de Monmerqué. La Bibliothèque nationale ne possédait pas cet ouvrage avant l'acquisition de la Collection Payen.

VII. Ouvrages anonymes se rapportant spécialement ou incidemment a Montaigne, a ses parents et a ses amis.

VIII. Ouvrages divers. — Nous avons dû laisser

(1) Dresden, M. Gunther (1689), petit in-12.

sous ce titre les quelques volumes dont nous ne comprenons pas la présence dans une collection exclusivement relative à Montaigne.

IX. Autographes, chartes, portefeuilles. — La première pièce et la plus importante est la fameuse lettre autographe de Montaigne que M. Guilbert de Pixérécourt, le dramaturge célèbre, avait payée 800 fr. à la vente de la collection des autographes de Mme de Castellane, en 1834, et dont il nia ensuite l'authenticité, parce qu'il y avait rencontré le mot *passe-port*. La seconde est une quittance donnée le 31 janvier 1555 par Étienne de La Boëtie, revêtue de sa signature et d'une apostille de sa main. La troisième est un discours autographe, en latin, signé de Juste Lipse, daté de 1592.

Pour la classification des pièces en portefeuilles, nous avons respecté autant que possible l'ordre adopté par M. Payen, comme nous avions fait pour ses manuscrits. Les interversions qu'on pourra remarquer dans le classement alphabétique ne nous doivent donc pas être imputées; elles nous ont, au contraire, fort souvent embarrassé dans notre travail.

Parmi les lettres autographes d'éditeurs, annotateurs, admirateurs de Montaigne et autres, notons celles de Pierre Coste, François de Neufchâteau, Joseph Droz, Guizot, Charles Nodier, Villemain, Bernardin de Saint-Pierre, Alexis Piron, etc... Nous ne pouvons passer sous silence une collection de quittances, lettres, actes autographes ou signés d'un grand nombre de personnages célèbres, contemporains de Montaigne; tels que le duc d'Albe, Albert VII et sa femme, la fameuse infante Isabelle-Claire-Eugénie, que Philippe II, son père, voulut placer sur le trône de France en 1593; Lazare de Baïf, saint Charles Borromée, Antoine de Bourbon, Charles IX, Henri III, Henri IV, François de Guise et Henri le Balafré, son fils, les deux cardinaux de Lorraine, Mayenne, les princes de Condé, Catherine et Marie de Médicis, Charles-Quint et Philippe II, Clément VII et Clément VIII, Innocent IX, Grégoire XIII et Grégoire XIV, Diane de Poitiers, Élisabeth, reine d'Angleterre; Élisabeth de France, reine d'Espagne; Gaspard de Coligny, les ducs de Ferrare et d'Épernon, Guichardin, Guillaume V, duc de Bavière; le P. Joseph, dit l'Éminence grise; Luther, Mélanchton, Calvin, Ronsard et Malherbe, Blaise de Montluc et Anne de Montmorency, Philippe de Mornay, Philippe, marquis de Bade; Guy du Faur de Pibrac, Anne de Pisseleu, duchesse d'Étampes; Nicolas Rapin, Henri de Rohan, Louise de Savoie, Gaspard et Henri de Schomberg, François et Henri d'Escoubleau de Sourdis, Sully, le Tasse (1), Christophe et Jacques-Auguste de Thou, Henri de La Tour-d'Auvergne, Varchi, Vauvenargues, la marquise de Verneuil, le maréchal de Vieilleville, etc...

---

(1) Nous croyons devoir faire nos réserves sur l'authenticité de cette lettre, adressée par le Tasse au duc d'Urbin, à Pesaro.

M. Payen avait fait monter sur onglets d'autres pièces disposées d'après l'ordre des matières, c'est-à-dire en les groupant selon le rang et la dignité des personnages auxquels elles se rapportent. Nous en avons ainsi de relatives aux officiers et capitaines de Bordeaux et de la Guyenne, aux receveurs généraux des finances, aux sergents de la sénéchaussée et aux principaux du Collége de Guyenne (Élie Vinet et Robert Balfour); d'autres catégories émanent des rois et reines de France, des dignitaires de leur maison, des connétables, maréchaux et capitaines, des ambassadeurs français, des gouverneurs de villes et provinces, des lieutenants-généraux, des magistrats, membres de cours des comptes ou des aides, des intendants des finances, des prélats et abbesses, des étrangers et commandants de corps étrangers.

Enfin, un de ces portefeuilles se compose d'environ 300 portraits de Montaigne, gravés ou lithographiés; nous les avons classés d'après les attitudes dans lesquelles ils sont représentés, sur l'avis et avec le concours de M. le vicomte Henri Delaborde, conservateur du département des estampes, à la Bibliothèque nationale.

X. PORTRAITS, STATUETTES, MÉDAILLES. — Cette série est de peu d'importance et n'a nulle valeur artistique.

Telle est la division qui nous a semblé la plus méthodique pour dresser le catalogue de la COLLEC-

TION PAYEN et pour y faciliter les recherches. Il ne nous reste plus qu'à souhaiter la venue d'un zélé Montaignophile qui sache exploiter la richesse de cette mine et donne au monde littéraire l'édition préparée avec une si patiente assiduité par le docteur J.-F. Payen.

Gabriel Richou.

Paris, le 20 novembre 1875.

COLLECTION

DES OUVRAGES ET DOCUMENTS

SUR

MONTAIGNE

RÉUNIS

PAR LE Dr J.-F. PAYEN

Ire SECTION.

Œuvres de Montaigne.

1. — Essais de messire Michel, seigneur de MONTAIGNE, chevalier de l'ordre du Roy et gentilhomme ordinaire de sa chambre. Livre premier et second. — *A Bourdeaus, par S. Millanges, imprimeur ordinaire du Roy,* 1580. 2 part. en un vol. in-8°.

Édition originale. Exemplaire de Mlle de Montaigne. Quelques mots autographes à l'intérieur du plat de la couverture.

2. — Essais..... — 1580. 2 part. en un vol. in-8°.

Édition originale. Cet exemplaire contient une ligne d'errata de plus que tous les exemplaires connus; il a appartenu à la reine

Elisabeth d'Angleterre, suivant le Dr Payen ; à Elisabeth d'Autriche, femme de Charles IX, roi de France, selon d'autres. Belle reliure, portant le chiffre *E. R.* surmonté d'une couronne royale fleurdelisée.

3-5. — Essais de messire Michel, seigneur de MONTAIGNE..... maire et gouverneur de Bourdeaus. Edition seconde, reveue et augmentée. — *A Bourdeaus, par S. Millanges,* 1582, in-8°.

Trois exemplaires, dont l'un, à grandes marges, contient le portrait de Montaigne par Dumoustier.

6-7. — Essais..... reveus et augmentez. — *Paris, Jean Richer,* 1587, in-12.

Deux exemplaires.

8. — Essais..... cinquiesme édition augmentée d'un troisiesme livre et de six cents additions aux deux premiers. — *Paris, Abel L'Angelier,* 1588, in-4°.

9. — Même édition.

M. Payen a ajouté à cet exemplaire six feuillets de *fac-simile* calqués sur les additions manuscrites de Montaigne à un exemplaire de cette date, appartenant à la Bibliothèque de Bordeaux.

10-12. — Même édition. — 1 tome en 3 vol. in-4°.

On y a ajouté la table des chapitres de l'édition de 1625.

13. — Trois feuilles dépareillées de la même édition.

14. — Livre des Essais..... divisé en deux par-

ties..... — *Lyon, pour Gabriel Lagrange, libraire d'A-
vignon*, 1593, in-8°.

Ex-libris autographe de l'abbé de Lamennais.

15. — Les Essais..... Édition nouvelle, trouvée
après le décéds de l'autheur, reveue et augmentée
par luy d'un tiers plus qu'aux précédentes impres-
sions. — *Paris, Abel L'Angelier*, 1595, in-fol.

Édition donnée par Mlle de Gournay. Exemplaire contenant
les cartons des feuilles 63-64 et 69-70.

16. — Les Essais...... — *Paris, Michel Sonnius*,
1595, in-fol.

Édition de L'Angelier. M. Payen a ajouté à cet exemplaire les
cartons refaits et a reproduit une page autographe de Montaigne.

17. — Les Essais..... divisez en trois livres.....
avec deux tables. — *Lyon, François Lefébure*, 1595,
in-12.

18. — Les Essais..... — *Paris, Abel L'Angelier*,
1598, in-8°.

19. — Même édition.

Les pages 503-506 manquent.

20-21. — Même édition. — 1 tome en 2 vol.

22. — Même édition.

Dans cet exemplaire, les quatre premiers feuillets sont de l'é-
dition de 1598, et le corps de l'ouvrage, de l'édition de 1600.

23. — Les Essais..... — *Paris, Abel L'Angelier,* 1600, in-8°.

24. — Même édition.

Exemplaire orné du portrait de Montaigne par Bonneville, et précédé d'annotations de M. Payen.

25-28. — Les Essais..... — *Paris, Abel L'Angelier,* 1602, in-8°.

Quatre exemplaires.

29. — Même édition.

Exemplaire avec le privilége de 1594.

30. — Même édition.

Le plus grand exemplaire connu de cette date.

31-33. — Les Essais..... — *Leyden, Jean Doreau,* 1602, in-8°.

Trois exemplaires.

34. — Les Essais..... — *Cologny et Leyden, Jean Doreau,* 1602, in-8°.

35. — Les Essais..... — *Paris, Abel L'Angelier,* 1604, in-8°.

36. — Les Essais..... — *Paris, Michel Nivelle,* 1608, in-8°.

37-39. — Les Essais..... — *Paris, Jean Petit-pas,* 1608; 3 vol. in-12.

40-41. — Les Essais..... — *Paris, Cl. Rigaud*, 1608, in-8°.

Deux exemplaires.

42. — Les Essais..... — *Paris, V^{re} Dom. Salis*, 1608, in-8°.

43. — Même édition.

Exemplaire contenant un grand nombre de notes manuscrites de Jamet.

44-46. — Les Essais..... — *Paris, Jacques Sevestre*, 1608, 1 tome en 3 vol. in-8°.

47. — Les Essais..... (s. l.), 1608, in-8°.

Les pièces préliminaires manquent.

48. — Les Essais..... — *Genève, Jean Can*, 1609, in-8°.

Édition rajeunie de *Leyde, Jean Doreau, 1602*.

49. — Les Essais..... — *Leyden, Jean Doreau*, in-8°.

Exemplaire sans manchettes.

50. — Même édition (Livre I).

51-54. — Les Essais..... — *Anvers, Abraham Maire* (s. d.), 1 tome en 4 vol. in-8°.

Édition publiée, d'après M. Payen, entre 1608 et 1611.

55-57. — Même édition. — 1 tome en 3 vol. in-8°.

58. — Même édition.

Exemplaire incomplet.

59. — Les Essais..... — *Paris, Franç. Gueffier,* 1611, in-8°.

60. — Les Essais..... — *Paris, Nivelle,* 1611, in-8°.

61. — Les Essais..... — *Paris, J. Petit-pas,* 1611, in-8°.

Cet exemplaire portait primitivement la date de 1608.

62-63. — Les Essais..... — *Cologny, Ph. Albert,* 1616, in-8°.

Deux exemplaires.

64-66. — Même édition. — 1 tome en 3 vol. in-8°.

67. — Les Essais..... — *Genève, Ph. Albert,* 1616, in-8°.

68-69. — Même édition. — 1 tome en 3 vol in-8°.

Le Livre III manque.

70. — Les Essais..... — *Genève, Ph. Albert,* 1616, in-8°.

D'après M. Payen, cet exemplaire appartient à l'édition de 1602, de J. Doreau ; on l'a complété avec un frontispice de 1616. — Les pages 657-664 et 765-816 manquent.

71. — Les Essais..... — (s. l.), *Ph. Albert,* 1616, in-8°.

72-73. — Les Essais..... — *Paris, Fr. Gueffier,* 1617, in-4°.

Deux exemplaires.

74. — Les Essais..... — *Paris, Michel Nivelle,* 1617, in-4°.

75. — Les Essais..... — *Paris, J. Petit-pas,* 1617, in-4°.

76. — Les Essais..... — *Paris, Cl. Rigaud,* 1617, in-4°.

77. — Les Essais..... — *Rouen, Jean Osmont,* 1617, in-8°.

78. — Les Essais..... — *Rouen, R. Valentin,* 1717, in-8°.

79. — Même édition (Livre I).

80. — Les Essais..... — *Rouen, N. Angot,* 1619, in-8°.

81-83. — Les Essais..... — *Rouen, J. Berthelin,* 1619, 1 tome en 3 vol. in-8°.

Cette édition, ornée d'un buste au frontispice, diffère d'une autre de la même date dont le frontispice porte une Renommée.

84. — Les Essais..... — *Rouen, Jacques Besongne* (1619), in-8°.

85. — Les Essais..... — *Rouen, Thomas Daré,* 1619, in-8°.

86. — Les Essais...... — *Rouen, Vve Th. Daré,* 1619, in-8°.

87. — Même édition (Livre I).

88. — Les Essais...... — *Rouen, Jean Osmont,* 1619, in-8°.

89. — Les Essais...... — *Rouen, R. Valentin,* 1619, in-8°.

90. — Les Essais..... — *Rouen, Manassez de Préaulx,* 1620, in-8°.

91. — Les Essais..... — *Paris, Robert Bertault,* 1625, in-4°.

92. — Les Essais..... — *Paris, Vve R. Dallin,* 1625, in-4°.

93. — Les Essais..... — *Paris, Ch. Hulpeau,* 1625, in-4°.

La préface de Mlle DE GOURNAY diffère, dans cette édition, de celle qui fut publiée en 1599 à la suite du *Proumenoir*.

94-95. — Les Essais..... — *Paris, Guillaume Loyson,* 1625, in-4°.

Deux exemplaires.

96. — Les Essais..... — *Paris, G. et A. Robinot,* 1625, in-4°.

On y a ajouté un portrait de Montaigne de 1725.

97. — Les Essais..... — *Paris, Pierre Rocolet,* 1625, in-4°.

La traduction des citations manque.

98. — Les Essais..... — *Paris, Rolet Boutonné,* 1625, in-4°.

99. — Les Essais..... — *Paris, Estienne Saucié,* 1625, in-4°.

100. — Fragment d'un exemplaire d'une édition de 1625, in-4° (p. 1-101).

Signature autographe de Mlle de Gournay.

101. — Les Essais..... — *Rouen, J. Berthelin* (s. d.), in-8°.

Édition de 1627, dont le frontispice diffère de celui des éditions de Rouen, de la même date.

102. — Les Essais..... — *Rouen, Jacq. Besongne,* 1627, in-8°.

Le médaillon du titre est laissé en blanc, et l'impression est faite par la griffe mobile sur le feuillet de garde.

103. — Les Essais..... — *Rouen, J. Cailloué,* 1627, in-8°.

104. — Les Essais..... — *Rouen, Louys Du Mesnil,* 1627, in-8°.

105. — Les Essais..... — *Rouen, Robert Féron,* 1627, in-8°.

Même édition que celle de R. Valentin de la même année.

106. — Les Essais..... — *Rouen, Pierre de La Motte*, 1627, in-8°.

107. — Les Essais..... — *Rouen, R. Valentin*, 1627, in-8°.

108. — Livre III d'une édition de 1627 portant un titre et une table refaits à la plume.

D'après ce titre refait, ce livre serait le troisième de l'édition originale de 1580, qui n'en avait que deux.

109. Les Essais..... — *Paris, P. Chevalier*, 1632, in-8°.

Réimpression de l'édition de Rouen de 1627, d'après M. Payen.

110. — Les Essais..... — *Paris, Jean Camusat*, 1635, in-fol.

Cet exemplaire porte des corrections autographes de Mlle de Gournay.

111. — Les Essais..... — *Paris, Pierre Rocolet*, 1635, in-fol.

Exemplaire en grand papier.

112-114. — Les Essais..... — *Paris, Toussainct du Bray et P. Rocolet*, 1 tome en 3 vol. in-fol.

115. — Les Essais..... — *Paris, Pierre Billaine*, 1636, in-8°.

116. — Les Essais..... — *Paris, Louis Boulanger*, 1636, in-8°.

117. — Les Essais..... — *Paris, Martin Collet,* 1636, in-8°.

118. — Les Essais..... — *Paris, J. Germont,* 1636, in-8°.

119. — Les Essais..... — *Paris, Salomon de La Fosse,* 1636, in-8°.

120. — Les Essais..... — *Paris, P. Lamy,* 1636, in-8°.

121. — Les Essais..... — *Paris, Guillaume Loyson,* 1636, in-8°

Même édition que celle de la même date, sous le nom de Louis Boulanger.

122. — Les Essais..... — *Paris, J. Villery et J. Guignard,* 1636, in-8°.

123-125. — Même édition. — 1 tome en 3 vol. in-8°.

126-127. — Les Essais..... — *Paris, Michel Blageart,* 1640, in-fol.

Deux exemplaires en grand papier ; dans le deuxième, les pièces préliminaires manquent.

128. — Les Essais..... — *Paris, Augustin Courbé,* 1640, in-fol.

129. — Les Essais..... — *Rouen, Jean Berthelin,* 1641, in-8°.

130. — Même édition.

Exemplaire incomplet et sans titre.

131. — Les Essais..... — *Paris, Michel Blageart,* 1649, in-8°.

132-133. — Même édition. — 1 tome en 2 vol. in-8°.

134. — Même édition.

Exemplaire incomplet.

135. — Les Essais..... — *Paris, Augustin Courbé,* 1652, in-fol.

136. — Les Essais..... — *Paris, P. Rocolet,* 1652, in-fol.

Exemplaire en grand papier.

137. — Les Essais..... — *Paris, Denis Béchet et Louis Billaine,* 1657, in-fol.

Cet exemplaire est précédé d'une lettre autographe de M. DE CAYROL, de Compiègne, sur l'édition de 1657.

138-141. — Les Essais..... — *Bruxelles, François Foppens,* 1659, 3 vol. in-12.

Deux exemplaires du Livre I.

142-143. — Les Essais..... — *Paris, Christophle Journel,* 1659, 2 vol. in-12.

Le tome II manque.

144. — Même édition.

Livre III seulement, sur lequel on a collé le nom du libraire J.-B. Loyson.

145-148. — Même édition.

Livre II, et trois exemplaires du Livre III. Le Livre I manque.

149-153. — Les Essais..... — *Amsterdam, A. Michiels,* 1659, 3 vol. in-12.

Deux exemplaires des Livres I et II.

154-163. — Les Essais..... — *Paris, L. Rondet, Ch. Journel et R. Chevillion,* 1669, 3 tomes en 10 vol. in-12.

164-167. — Même édition. — 3 vol. in-12.

Cet exemplaire diffère du précédent, arbitrairement divisé en 10 volumes. Deux exemplaires du tome III.

168. — Les Essais. — *Lyon, Ant. Besson* (1669), in-12.

Les tomes II et III manquent.

169-172. — Les Essais..... — *Lyon, André Olyer,* 1669, 3 vol. in-12.

Deux exemplaires du tome II.

173-178. — Les Essais..... — Nouvelle édition avec de courtes remarques et nouveaux indices..... par Pierre Coste. — *Londres, J. Tonson et J. Watts,* 1724, 3 vol. in-4°.

Deux exemplaires, l'un aux armes du duc de Valentinois,

avec de nombreuses notes manuscrites de MM. DE POUGENS et THÉOD. LORIN.

179-181. — Les Essais..... — *Paris, par la Société*, 1725, 3 vol. in-4°.

182-188. — Essais..... (s. l. n. d.), 7 vol. in-12.

Titre refait à la main. Exemplaire unique d'une édition qui devait paraître en 1724 en 7 vol. in-12, mais qui fut supprimée et ne parut qu'à Genève en 1725, et à La Haye en 1727, en 6 vol. in-12. Sur le dos, on lit : *Lettres de La Montagne*.

189-190. — Essais..... avec des notes et une table générale, par Pierre Coste..... — *Genève, Bousquet*, 5 vol. in-8°.

Tomes I et V. Le tome V contient les lettres de MONTAIGNE, le discours de LA BOETIE sur la servitude volontaire, l'épître de Mlle DE GOURNAY à Richelieu, sa préface pour l'édition de 1595 et des jugements et critiques sur Montaigne par divers auteurs. — Depuis cette époque, on a fait suivre de ces pièces les principales éditions des Essais.

191-198. — Essais..... avec des notes et une table générale..... par Pierre COSTE. — *La Haye, P. Gosse et J. Neaulme*, 1727, 5 vol. in-12.

Deux exemplaires des tomes II, III et IV.

199-204. — Essais..... avec des notes..... par P. COSTE. Quatrième édition augmentée de la vie de Montagne et de nouvelles notes qui ne se trouvent point dans les trois dernières éditions publiées en 1724, 1725 et 1727..... — *Londres, Jean Nourse*, 1739, 6 vol. in-12.

205-211. — Essais..... avec des notes..... par P. COSTE..... — *Londres, Jean Nourse, 1745*, 7 vol. in-12.

Dernière édition donnée par COSTE. — Exemplaire contenant un grand nombre de notes manuscrites de NAIGEON.

212-218. — Même édition.

Exemplaire reproduisant les notes de NAIGEON, transcrites par M. Payen.

219. — Même édition (tome I).

220-229. — Essais... avec les notes de M. COSTE... *Londres, J. Nourse et Vaillant, 1754*, 10 vol. in-12.

Exemplaire interfolié de papier blanc et annoté par François de NEUFCHATEAU. — Cette édition diffère, dit M. Payen, de celles de 1769, 1771, 1779 et 1780.

230. — Même édition (tomes V et VI; 2 tomes en 1 vol. in-12).

231. — Essais..... avec les notes de M. COSTE..... — *Londres, J. Nourse et Vaillant, 1768*, in-12 (tome IV).

232-233. — Essais... avec les notes de M. COSTE... — *Londres, J. Nourse et Vaillant, 1769*, in-12.

Tome II incomplet, et tome VI.
Cette édition diffère, d'après M. Payen, de celles de 1754, 1771, 1779 et 1780.

234. — Essais..... — *Londres, J. Nourse et Vaillant*, 1771, in-12.

Tome II, incomplet. Édition différente de celles de 1754, 1769, 1779 et 1780.

235. — Même édition (tome VI).

236-237. — Essais..... avec les notes de M. COSTE, suivis de l'éloge de Montaigne. — *Genève, J. S. Caillier*, 1779, in-12.

Tomes VI et X. Même édition que celle de 1780; le frontispice seul est changé.

238. — Essais..... — *Genève, du Villard fils et Nauffer*, 1780, in-12.

Tome X. Même édition que la précédente.

239-242. — Les Essais..... — *Amsterdam, aux dépens de la Compagnie*, 1781, 3 vol. in-8°.

Deux exemplaires du tome I.

243-245. — Essais..... — *Paris, J.-Franç. Bastien*, 1783, 3 vol. in-8°.

246-251. — Même édition. — 3 tomes en 6 vol. in-8°.

Exemplaire en papier de Hollande.

252-253. — Même édition (tomes II et III).

Exemplaire en grand papier.

254-255. — Essais de Montaigne. — 2 vol. manuscrits in-4°, 1783.

256-264. — Essais. — *Genève et Paris, Volland,* 1789-1793, 9 vol. in-12.

Les tomes I et IX sont incomplets.

265-266. — Même édition (tomes IX et X).

267. — Même édition.

Fragment suivi des derniers feuillets du tome IV de l'édition publiée par Desoer en 1818.

268-270. — Essais. — *Paris, J. Servière et J.-F. Bastien,* 1793, 3 vol. in-8°.

271-272. — Essais. — *Paris, Langlois,* 1796, 4 tomes en 2 vol. in-8°.

273. — Essais..... avec les notes de Pierre Coste. — *Paris, Louis,* 1801, in-12 (tome I).

274-278. — Essais..... Édition stéréotype d'après le procédé de Firmin Didot. — *Paris, Pierre Didot l'aîné et Firmin Didot,* 1802, 4 vol. in-8°.

Édition donnée par Naigeon sur l'exemplaire de 1588, corrigé de la main de Montaigne, et appartenant à la Bibliothèque de Bordeaux. Un cinquième volume supplémentaire, double du premier, contient l'*Avertissement* de l'éditeur et les cartons supprimés. — Exemplaire sur papier fin.

279-282. — Même édition.

Exemplaire sur papier fin, précédé de l'*Avertissement* de l'éditeur [NAIGEON], et contenant les cartons supprimés.

283-286. — Essais..... — *Paris, Desoer,* 1818, 4 vol. in-18.

Édition de M. DE LAULNAY. Deux portraits ajoutés.

287. — Essais..... — *Paris, Desoer,* 1818, in-8°.

Éloge de Montaigne par A. JAY. Portrait ajouté.

288-289. — Essais..... — *Paris, Desoer,* 4 vol. in-18.

Tomes I et IV.

290-294. — Essais..... — *Paris, Lefèvre,* 1818, 5 vol. in-8°.

Édition donnée par Éloi JOHANNEAU.—Portrait de Montaigne, par Alex. TARDIEU.

295-300. — Essais..... — *Paris, Lefèvre,* 1818, 6 vol. in-18.

301-309. — Essais..... — *Paris et Liège, Desoer,* 1819, 9 vol. in-18.

310-315. — Essais..... avec des sommaires analytiques et de nouvelles notes, par M. AMAURY-DUVAL... — *Paris, Chassériau,* 1820-1822, 6 vol. in-8°.

Collection des *Moralistes français*.

316-320. — Essais..... — *Paris, Lefèvre*, 1823, 5 vol. in-8°.

321-322. — Essais..... précédés de l'éloge de Montaigne, par M. Villemain... — *Paris, Froment,* 1825, in-12.

Tomes I et IV.

323-327. — Essais..... Édition publiée par J.-V. Le Clerc..... — *Paris, Lefèvre,* 1826, 5 vol. in-8°.

328-336. — Essais..... avec les notes de Coste, Naigeon, Amaury-Duval, Éloy Johanneau..... — *Paris, Menard et Desenne,* 1827, 10 vol. in-12.

Le tome III manque.

337-340. — Essais.... — *Paris, H. Bossange,* 1828, 4 vol. in-8°.

341-347. — Essais..... — *Paris, Tardieu-Denesle,* 1828, 6 vol. in-8°.

Deux exemplaires du tome VI.

348. — Essais..... — *Paris, Furne et de Bure,* 1831, in-4°.

Le portrait de Montaigne par Beyer manque.

349. — Essais..... — *Paris, Lefèvre,* 1834, in-8°.

350. — Essais.... — *Paris, Firmin Didot frères,* 1836, in-8°.

351-352. — Essais..... Édition publiée par J.-V. Le Clerc... — *Paris, Lefèvre,* 1836, 2 vol. in-8°.

353. — Œuvres de Michel de Montaigne, avec une notice biographique par J.-A.-C. Buchon. — *Paris, Desrez,* 1837, in-4°.

Panthéon littéraire. — Notice bibliographique sur Montaigne, par M. J.-F. Payen.

354. — Essais..... — *Paris, F. Didot frères,* 1838, in-8°.

355-357. — Essais..... Édition publiée par J.-V. Le Clerc, 1844, 3 vol. in-8°.

358. — Essais de Montaigne, édition épurée, précédée d'une notice, par M. l'abbé Musart. — *Paris, Lyon, Périsse frères,* 1847, in-8°.

Publication de la Société de Saint-Victor.

359. — Essais... Nouvelle édition, précédée d'une lettre à M. Villemain sur l'éloge de Montaigne, par P. Christian. — *Paris, Lecou,* 1850, in-18.

360-363. — Essais de Montaigne, suivis de sa correspondance et de la Servitude volontaire d'Estienne de La Boetie. Édition variorum, accompagnée d'une notice biographique et d'un index analytique, par Charles Louandre..... — *Paris, Charpentier,* 1854, 4 vol. in-12.

364. — Essais..... Édition revue sur les textes originaux. — *Paris, Firmin Didot frères*, 1854, in-8°.

Exemplaire interfolié sur lequel MM. Livet et Hatin ont transcrit les notes mises par M. Gustave BRUNET sur un exemplaire de 1836.

365-366. — Essais..... précédés d'une étude biographique et littéraire, par Alfred DELVAU... — *Paris, J. Bry*, 1859, 2 vol. in-8°.

367. — Essais..... précédés d'une lettre à M. Villemain..... par P. CHRISTIAN. — *Paris, Hachette*, 1860, in-12.

368-371. — Essais..... précédés d'une lettre à M. Villemain..... par P. CHRISTIAN. — *Paris, Hachette*, 1864, 2 vol. in-18.

Deux exemplaires.

372-375. — Essais..... avec les notes de tous les commentateurs, choisies et complétées par M. J.-V. LE CLERC, précédés d'une nouvelle étude sur Montaigne, par M. PRÉVOST-PARADOL..... — *Paris, Garnier frères*, 1865, 4 vol. in-8°.

376-378. — Essais..... Édition nouvelle. Spécimen du texte proposé au Dr J.-F. P. (PAYEN), par R. D. (Reinhold DEZEIMERIS). — *Bordeaux, Gounouilhou*, juin 1866, in-8°. Pièce.

Trois exemplaires.

379-382. — Essais.....

Quatre volumes d'éditions diverses, dépareillés et incomplets.

383. — Journal du voyage de Michel de Montaigne en Italie par la Suisse et l'Allemagne, en 1580 et 1581, avec des notes par M. DE QUERLON. — *Rome et Paris, Le Jay,* 1774, in-4°.

Cet exemplaire est précédé de la copie de la lettre de l'abbé DE PRUNIS au *Journal des Beaux-Arts et des Sciences*, et d'une lettre autographe de QUERLON.

384-387. — Journal.... avec des notes, par M. DE QUERLON. — *Rome et Paris, Le Jay,* 1774, 2 vol. in-12.

Deux exemplaires.

388-390. — Même édition. — 3 vol. petit in-12.

391-394. — Journal..... avec des notes, par M. DE QUERLON. — *Rome et Paris, Le Jay,* 1775, 3 vol. petit in-12.

Deux exemplaires du tome I.

395. — Essais de MONTAIGNE. Édition nouvelle où se trouvent ses Lettres et le Discours de LA BOETIE..... avec les notes de COSTE.... — *Paris, Louis,* 1801, in-12 (tome XVI).

396. — Lettres de MONTAIGNE et le Traité de la Servitude ou le Contr'un. — *Paris, Louis,* 1802, in-8°.

397. — Lettres..... — *Paris, Louis,* 1802, in-12.

398. — Lettres de Michel de MONTAIGNE. — *Paris, Tardieu-Denesle,* 1828, in-8°.

Extrait d'un exemplaire de cette édition des Essais (p. 185-232).

399. — Lettres inédites de Michel de MONTAIGNE, et de quelques autres personnages, pour servir à l'histoire du XVIe siècle, publiées par F. FEUILLET DE CONCHES. — *Paris, H. Plon,* 1863, in-8°.

Extrait du troisième volume des *Causeries d'un Curieux.*

400. — La théologie naturelle de Raymond SEBON, docteur excellent entre les modernes, en laquelle par l'ordre de nature est démontrée la vérité de la foy chrestienne et catholique, traduicte nouvellement de latin en français (par MONTAIGNE). — *Paris, Gilles Gourbin,* 1569, in-8°.

Édition originale de cette traduction.

401. — La théologie naturelle..... — *Paris, Michel Sonnius,* 1569, in-8°.

Signature de Montaigne.

402-403. — La Théologie naturelle de Raymond SEBON, traduicte nouvellement en françois par messire Michel, seigneur de MONTAIGNE..... — *Paris, Guillaume Chaudière,* 1581, in-8°.

Deux exemplaires ; le deuxième incomplet.

404. — La Théologie naturelle..... — *Paris, Giles Gorbin,* 1581, in-8° (1).

Exemplaire incomplet de 2 feuillets à la table.

406. — La Théologie naturelle..... — *Paris, Michel Sonnius,* 1581, in-8°.

407-408. — La Théologie naturelle.... — *Rouen, Romain de Beauvais,* 1603, in-8°.

Deux exemplaires.

409-410. — La Théologie naturelle..... — *Tournon, Claude Michel et Th. Soubron,* 1605, in-8°.

Deux exemplaires.

411. — La Théologie naturelle..... — *Paris, V^{re} M. Guillemot,* 1611, in-8°.

412. — La Théologie naturelle..... — *Rouen, Jean de La Mare,* 1641, in-8°.

413. — Extrait de la Théologie naturelle de Raymond SEBON, traduite en français par messire Michel, seigneur de MONTAIGNE. — in-8°.

Le titre manque.

(1) Le numéro 405 n'a pas été employé.

IIᵉ Section.

Traductions des Œuvres de Montaigne.

414-416. — Michaels herrn von MONTAGNE Versuche..... (Essais de M. Michel de MONTAIGNE, avec la vie de l'auteur. Traduit en allemand d'après l'édition nouvelle publiée par M. Pierre COSTE.....) — *Leipzig*, 1753, 3 vol. in-8°.

Le traducteur est TITIUS.

417-423. — Michael MONTAIGNE's gedanken und meinungen.... (Pensées et Opinions de Michel MONTAIGNE sur divers sujets. Traduit en allemand..... par BODE.) — *Berlin, Lagarde*, 1793-1799, 7 vol. in-8°.

424. — Le même ouvrage (tome I).

425-431. — Michael MONTAIGNE's gedanken und meinungen..... (Pensées et Opinions de Michel MONTAIGNE sur divers sujets. Traduit en allemand.) — *Vienne et Prague, Fr. Haas*, 1797-1801, 7 vol. in-8°.

432-433. — Michael von MONTAGNE reisen durch die Schweiz..... (Voyages de Michel de MONTAIGNE à travers la Suisse, l'Allemagne et l'Italie dans les années 1580 et 1581. Traduit du français.....) — *Halle, J.-Chr. Hendel,* 1777-1779, 2 vol. in-8°.

Traduction très-inexacte attribuée à J.-H. Frédéric ULRICH.

434. — Helvefischer almanach..... (Almanach Suisse pour l'année 1800). — *Zurich,* in-32.

Ce volume contient la portion du voyage de Montaigne relative à la Suisse, traduite en allemand.

435. — Alle de verken van de heer Michel de MONTAIGNE..... (Toutes les œuvres de M. Michel de MONTAIGNE, chevalier de l'ordre de St-Michel, comprises en ses Essais..... Traduit du français en hollandais par J.-H. GLAZEMACHER.) — *Amsterdam, A. Visscher,* 1692, in-4°.

436-438. — The Essayes of morall, politik and militarie discourses of Lo : Michaell de MONTAIGNE... now done into English, by John FLORIO. — *London, Edw. Blount,* 1603, in-fol.

Edition originale de cette traduction, vers de Samuel DANIEL et errata avant le texte des Essais. Deux exemplaires; un troisième, incomplet de ces vers et errata.

439. — The Essayes written in french by Michæl, lord of MONTAIGNE..... done into English..... by John FLORIO. — *London, Edw. Blount,* 1613, in-fol.

440. — The Essayes..... The third edition.... — *London, Rich. Royston,* 1632, in-fol.

441-443. — Essays of Michael, seigneur de MON-

TAIGNE, in three books..... — *London, T. Basset,* 1685, 3 vol. in-8°.

444. — Essays..... new rendred into English, by Charles COTTON..... — *London. T. Basset,* 1693, in-8°.

Tome I.

445-447. — Essays..... made English, by Charles COTTON. — *London, Gillyflower,* 1700, 3 vol. in-8°.

448-450. — Essays.... by Ch. COTTON. — *London, Daniel Brown,* 1711, 3 vol. in-8°.

451-453. — MONTAIGNE's Essays in three books.... translated by Ch. COTTON.... The fifth edition.... — *London, A. Bettesworth,* (s. d.), 3 vol. in-12.

454-457. — MONTAIGNE's Essays..... by Charles COTTON. — *London, Barker,* 1743, 3 vol. in-8°.

Deux exemplaires du tome I.

458-460. — The Essays..... The seventh edition... — *London, S. and E. Ballard,* 1759, 3 vol. in-8°.

461-463. — The Essays..... The eighth edition.... — *London, J. Pote,* 1776, 3 vol. in-8°.

464-466. — The Essays..... translated..... from the most accurate french edition of Peter COSTE. — *London, W. Miller,* 1811, 3 vol. in-8°.

Traduction de COTTON.

467. — Essays selected from MONTAIGNE with a sketch of the life of the author. — *London, T. Cadell,* 1800, in-16.

468. — The works of MONTAIGNE, edited by W. HAZLITT. — *London, J. Templeman,* 1842, in-8°.

469. — The works of M. de MONTAIGNE..... by W. HAZLITT. — *London, J. Templeman,* 1842, in-8°.

470. — The vorks of Michael de MONTAIGNE, comprising his Essays, letters, and journey through Germany and Italy..... by William HAZLITT. Second edition. — *London, Templeman,* 1845, in-8°.

Préface, prélimaires, etc.

471-472. — Essays by MONTAIGNE, edited..... by the author of « *The gentle life.* » — *London, Sampson Low,* 1866, vol. in-8°.

Deux exemplaires.

473-474. — Discorsi morali, politici et militari del molto illustre sig. Michiel di MONTAGNA..... tradotti dal sig. Girolamo NASELLI. — *Ferrara, B. Mamarello,* 1590, in-12.

Deux exemplaires.

475. — Saggi di Michel sig. di MONTANA.... transportati della lingua francese nell' italiana per opera di Marco GINAMMI..... — *In Venetia, M. Ginammi,* 1633, in-4°.

IIIᵉ Section.

Ouvrages ayant appartenu à Montaigne, portant sa signature ou quelques lignes de sa main.

476. — Allègre (Antoine)..... Décade, contenant les vies des empereurs..... — *Paris, Vascosan,* 1567, in-8°.

Signature de Montaigne.

477. — ΑΠΟΛΙΝΑΡΙΟΥ μετάφρασις τοῦ ψαλτηρος..... — *Parisiis, ap. Adrian. Turnebum,* 1552, in-8°.

Signature.

478-479. — Ausonii (D. Magni) Burdigalensis poetæ..... opera. — *Lugduni, ap. Joan Tornæsium,* 1558, in-8°.

Deux exemplaires. — Le premier porte au titre la signature de Montaigne.

480-481. — Baïf (Jean-Antoine de). — Euvres en rime. — Les Jeux. — *Paris, Lucas Breyer,* 1573, 4 tomes en 2 vol. in-8°.

Signature de Montaigne sur le titre des *Euvres en rime.*

482. — Belloy (Pierre de). — Examen du

discours publié contre la maison royalle de France et particulièrement contre la branche de Bourbon, seul reste d'icelle, sur la Loy salique et succession du royaume. — *Paris*, 1587, in-8°.

Signature de Montaigne. — Quelques lignes autographes de sa fille Éléonore.

483. — BEZÆ (Theodori) Vezelii poematum editio secunda, ab eo recognita..... — (*Genevæ*), *excudebat Henricus Sthephanus*, 1569, in-8°.

Signature de Montaigne.

484. — DANTE, con nuove et utili ispositioni..... — *In Lione, appresso Guglielmo Rovillio*, 1571, petit in-8°.

A rapprocher du Pétrarque de 1550 qui appartint à Montaigne (n° 497). La disposition des deux volumes, les caractères, les formats sont absolument semblables.

485. — FOXII (Sebastiani) Morzilli Hispalensis commentatio in decem Platonis libros de republicâ... — *Basileæ*, 1556, *ap. Joan. Oporinum*, in-fol.

Signature apocryphe de Montaigne.

486-487. — FULSTIN (Jean-Herburt de).— Histoire des roys et princes de Poloigne..... traduite de latin en françois, par Fr. BAUDOIN. — *Paris, Pierre L'Huillier*, 1573, in-4°.

Signature de Montaigne sur le titre. Au dernier feuillet Michel Eyquem a écrit : « Achevé de lire en 1586 à Montaigne (52).

» C'est un abrégé de l'histoire simple et sans ornement. » Ce nombre 52 entre parenthèses signifie que Montaigne, né en 1533, avait alors 52 ans.

— Chronica sive Historiæ Polonicæ compendiosa... descriptio, authore J.-H. de FULSTIN, regni polonici senatore. — *Basileæ, ex offic. Oporiniana,* 1571, in-4°.

488. — GAMBARA (Laurentius). — Carmina novem illustrium feminarum... — *Antuerpiæ, ex offic. Christoph. Plantini,* 1568, in-8°.

Signature de Montaigne.

489. — GELLI (Giovambatista). — La sporta, commedia... — *Firenze, per Filippo Giunti,* 1593, in-8°.

Signature apocryphe.

490. — GYRALDUS (Lilius Gregorius). — De Deis gentium varia et multiplex historia... — *Basileæ, per Joan. Oporinum,* 1548, in-fol.

Signature de Montaigne. Les annotations marginales ne sont pas de la même main.

491. — HIPPOLYTI (Beatissimi), episcopi et martyris, oratio de consummatione mundi ac de Antichristo et secundo adventu Domini nostri Jesu-Christi. — *Lutetiæ Parisiorum,* 1557, in-8°.

Signature apocryphe.

492. — MANFREDI (Lelio de). — Carcer d'amore tradotto... de idioma spagnolo in lingua materna...

— *Vinegia, Francesco Bindoni et Mapheo Pasini*, 1546, pet. in-8°.

Signature.

493. — MONTANI (Joannis Ferrarii) de republicâ bene instituendâ, Paraenesis... — *Basileæ, per Joan. Oporinum*, 1556, in-fol.

Signature.

494. — MUNSTERE (Sebastien). — La Cosmographie universelle contenant la situation de toutes les parties du monde... — (s. l.), 1552, in-fol.

Signature de Montaigne et quelques soulignures à l'encre aux endroits qu'il avait remarqués.

495. — OCHINO DA SIENA (M. Bernardino). — Disputa intorno alla presenza del corpo di Giesu Christo nel sacramento della cena. — *In Basileá*, 1561, in-8°.

Signature.

496. — OSORII (Hieronymi), Lusitani, Silvensis in Algarbiis episcopi. De rebus Emmanuelis regis Lusitaniæ... gestis libri duodecim. — *Coloniæ Agrippinæ, ap. hæredes Arnoldi Birckmanni*, 1574, in-8°.

Signature.

497. — PETRARCA (Il) con nuove et brevi dichiarationi... — *Lyone, appresso Gulielmo Rovillio*, 1550, pet. in-8°.

Signature.

498. — ΦΙΛΩΝΟΣ Ιουδαίου εις τα του Μωσεος κοσμοποιητικα, ιστορικα, νομοθετικα. — *Paris, Adrien Turnèbe,* 1552, in-fol.

Signature.

499. — ΠΛΟΥΤΑΡΧΟΥ Χαιρωνεως παραλληλα εν βιοις Ελληνων τε και Ρωμαιων. — *Bâle,* 1560, in-fol.

Signature douteuse. — Au verso du frontispice, une page qui pourrait avoir été écrite de la main de Montaigne, ou du moins qui offre de grandes analogies avec son écriture.

500. — RINGHIERI (Innocentio). — Cento ginochi liberali et d'ingegno, novellamente... ritrovati et in dieci libri descritti. — *In Bologna, per Anselmo Giaccarelli,* 1551, in-4°.

Signature.

501. — SANSOVINO (M. Francesco), del governo et amministratione di diversi regni et republiche cosi antiche come moderne... libri XXI. — *In Venetia, per ordine di Iacomo Sansovino,* 1578, in-4°.

Signature.

502. — SAUVAGE DE FONTENAILLES en Brie (Denis). Chronique de Flandres, anciennement composée par auteur incertain et nouvellement mise en lumière... — *Lyon, Guillaume Rouillé,* 1562, in-fol.

Signature de Montaigne sur le titre, et au dernier feuillet ces lignes inédites, de sa main : « Achevé de lire le 6 mars 1586 (52) » à Montaigne. — L'Histoire de Flandres est chose commune » et mieux ailleurs; l'introduction, ennuieuse de harangues et

» præfaces ; les mémoires, c'est un plesant livre et utile notam-
» ment à entandre les loix des combats et joutes, subjet propre à
» cet autheur, et dict en avoir escrit particulièrement sa narration
» exacte en toutes choses et consciantieuse. Il faict mantion de
» Philippe de Commines come Philippe de Commines de luy. »

503. — SYNESII episcopi Cyrenes (texte grec). — *Paris, Adrien Turnèbe,* 1553, in-fol.

Signature de Montaigne. — Exemplaire de Théodore de Bèze, annoté par lui, pages 57 et 89.

504. — THEOPHRASTI libellus de odoribus ab Adriano TURNEBO latinitate donatus... — *Lutetiæ, ap. Mich. Vascosanum,* 1556, in-4°.

Signature.

505. — VARCHI (M. Benedetto). — La seconda parte delle lezzioni... — *In Fiorenza, appresso i Giunti,* 1561, in-8°.

Signature.

506. — VEGECE (Flave). — René, homme noble et illustre du fait de guerre, et fleur de chevalerie, quatre livres..... traduits du latin en français. — *Paris, Chrestian Wechel,* 1536, in-fol.

Signature.

507. — VIRGILII (Publii) Maronis Bucolica, Georgica et Æneis..... — *Venetiis,* 1539, in-8°.

Sur le titre, ces mots écrits de la main de Montaigne : « Michæl Montanus me possidet, anno D. 1549, ætatis propre » 16, cal. januarii, venundatur 44 s., cum indice Erythræi. »

508-511. — Xenophontis philosophi et historici opera, in latinam linguam conversa atque nunc postremum per Seb. Castalionem recognita...— *Basileæ, ap. Isingrinium,* 1551, in-8°.

Signature, et annotation autographe de Montaigne, p. 281.

— Le même, texte grec. — *Basileæ,* (1540), in-8°.

Le même, traduction française de M. Eugène Talbot. — *Paris, Hachette,* 1859, 2 tomes en 1 vol. in-12.

— La Mesnagerie, de Xenophon. — Les Règles de mariage, de Plutarque. Lettre de consolation de Plutarque à sa femme. Le tout traduit de grec en français, par feu M. Estienne de La Boetie..... Ensemble quelques vers latins et français de son invention. Item un discours sur la mort dudit seigneur de La Boetie, par M. de Montaigne. — *Paris, Fr. Morel,* 1571, in-8°.

Signature.

512. — Florilegium diversorum epigrammatum in septem libros..... — *Venundatur Badio,* 1531, in-8°.

Signature.

IVᵉ Section.

Ouvrages des Parents, Amis et Contemporains de Montaigne.

513-514. — Camus. — Les diversitez de messire Pierre-Jean Camus, evesque et seigneur de Belley. — *Paris, A. Chappelet,* 1809, 2 vol. in-8°.

515. — Cardani (Hieronymi), Mediolanensis medici, de subtilitate libri XXI. — *Lugduni, ap. Philibert. Rolletium,* 1554, in-8°.

Signature d'un de *La Brousse,* frère de Montaigne.

516. — Charron, Parisien (Pierre le). — Les trois véritez contre tous athées, idolâtres, juifs..... le tout traicté en trois livres, avec un advertissement et bref examen sur la response faicte à sa troisiesme vérité, de nouveau imprimée à la Rochelle. — *Lyon, J. Didier,* 1596, in-12.

517. — De la Sagesse, trois livres..... — *Rouen, R. Valentin,* 1634, in-8°.

Exemplaire incomplet.

518. — De la Sagesse..... réimprimée sur la vraye

copie de Bourdeaux. — *Paris, G. Quinet*, 1663, in-12.

519. — De la Sagesse..... pour faire suite aux Essais de Montagne. — *Paris, Hérissant fils*, 1768, 2 vol. petit in-12.

Tome I.

520. — De la Sagesse..... — *Paris, Desrez*, 1836, in-4°.

Choix de Moralistes français avec Notices biographiques, par J.-A.-C. Buchon (p. 1-298).

521-522. — CHASSANÆI (Alexandri), jurisconsulti parisiensis paratilta institutionum juris civilis, accedunt anonymi protheoria institutionum.... Anonymi flores sententiarum juris, accurante Abrahamo Wieling. — *Trajecti ad Rhenum, G. Mulder*, 1757, in-12.

Deux exemplaires.

523. — CORAS (Jean de). — Arrest du parlement de Tholose contenant une histoire mémorable et prodigieuse avec cent et onze belles et doctes annotations.... prononcé ès arrests généraux, le 12 septembre 1560. — *Paris, Vincent*, 1572, in-12.

524. — DION PRUSIEN. — Discours de la royauté et de la tyrannie, traduit nouvellement du grec de DION PRUSIEN surnommé CHRYSOSTÔME ou *Bouche d'Or*. — *Paris, E. Prevosteau*, 1589, petit in-8°. Pièce.

525. — Du Tillet (Jean). — Recueil des roys de France, leurs couronne et maison..... — *Paris, Jean Houzé,* 1602, in-4°.

526. — Elien. — ΑΙΛΙΑΝΟΥ Ποικιλης ιστοριας βιβλια... — Εν Ρωμη (1545), in-4°.

Exemplaire ayant appartenu à Robert Estienne, avec des corrections et annotations de sa main.

527. — Eyquem (Mathurin). — Le Pilote de l'onde vive ou le Secret du flux et reflux de la mer..... Seconde édition..... — *Paris, Laurent d'Houry,* 1689, in-12.

528. — Figon (Charles de). — Discours dès estats et offices, tant du gouvernement que de la justice et des finances de France.... — *Paris, Gilles Corrozet,* 1608, in-12.

529. — Gamaches (Charles de). — Le Sensé raisonnant sur les passages de l'Écriture-Saincte contre les prétendus réformez... — (s. l.) (1622 ou 1623), in-8°.

Charles de Gamaches était gendre de Montaigne.

530. — Gamaches (M. de), chanoine régulier de Sainte-Croix de La Bretonnerie. — Système du mouvement.... — *Paris, J. M. Garnier,* 1721, in-8°.

531. — Gariel (Pierre). — Idée de la Ville de Montpellier..... — *Montpellier, D. Pech,* 1665, in-4°.

Exemplaire ayant appartenu à M. de Montaigne, lieutenant

principal du siege de Montpellier, descendant de l'auteur des Essais. — Signature.

532. — GELLI (Jean-Baptiste). — Les Discours fantastiques de Justin Tonnelier, composés en italien par J.-B. Gelli, Florentin, et nouvellement traduits en français par C. D. K. P. (C. de Kerquifinem, Parisien.) — *Lyon, Ch. Pesnot,* 1556, in-8°.

Exemplaire de Tabourot.

533. — Les Discours fantastiques... — *Lyon, Cl. Baudin,* 1575, pet. in-8°.

534. — GOULART (Simon). — Histoires admirables et mémorables advenues de notre temps... — *Paris, J. Houzé,* 1618, in-8°.

Tome II.

535-536. — Thrésor d'histoires admirables et mémorables de notre temps... — *Genève, Samuel Crespin,* 1620 et 1628, 4 tomes en 2 vol. in-8°.

537-538. — GOURNAY (Marie LE JARS DE). — Adieu de l'âme du roy de France et de Navarre, Henry le Grand, à la royne, avec la défence des pères Jésuites, par la damoiselle de G... — *Paris, Fleury Bourriquant,* 1610, in-8°.

Deux exemplaires.

539. — Les Advis ou les présents de la demoiselle DE GOURNAY. — *Paris, Toussaint Du Bray,* 1634, in-4°.

Corrections autographes de l'auteur.

540. — Les Advis... Troisième édition. — *Paris, Jean Du Bray,* 1641, in-4°.

541. — Bienvenue de Monseigneur le duc d'Anjou dédiée à la sérénissime république ou estat de Venise, son parrain désigné... — *Paris, Fleury Bourriquant,* 1608, pet. in-8°.

542. — Égalité des hommes et des femmes. A la Reyne. — *(Paris),* 1622, in-8°. Pièce.

543. — (Le même ouvrage suivi de :) La Réflexion de la lune sur les hommes, par Mademoiselle de B***. — *Paris, Ant. de Sommaville,* 1654, in-8°.

544. — La harangue du très-illustre et très-magnanime prince François duc de Guise aux soldats de Metz, le jour de l'assault (par Ronsard). Édité par Mademoiselle DE GOURNAY... — (s. l.), (1624), in-4°.

545. — L'Ombre de la demoiselle DE GOURNAY... — *Paris, Jean Libert,* 1626, in-8°.

546. — Le Proumenoir de Monsieur de Montaigne par sa fille d'alliance. — *Paris, Abel L'Angelier,* 1594, in-12.

Édition originale.

547-549. — Le Proumenoir... — *Paris, Abel L'Angelier,* 1595, in-12.

Deuxième édition, quoique le frontispice ne l'annonce pas. Trois exemplaires.

550. — Le Proumenoir... — *Chambéry, Maurice Malicieu,* 1598, in-12.

551. — Le Proumenoir... — Édition troisiesme. — *Paris, Abel L'Angelier,* 1599, in-12.

En réalité quatrième édition. Exemplaire sans errata.

552. — Même édition.

Exemplaire contenant un vers autographe de Mlle de Gournay.

553. — Même édition.

Exemplaire contenant un vers et un mot autographes de Mlle de Gournay.

554. — Même édition.

Exemplaire incomplet.

555-556. — Le Proumenoir... Édition troisiesme... — *Rouen, Roland Chambaret,* 1607, in-12.

En réalité cinquième édition. Deux exemplaires.

557-558. — Versions de quelques pièces de Virgile, Tacite et Salluste... — *Paris, Fleury Bourriquant,* 1619, in-8°.

Deux exemplaires, dont le premier renferme quelques annotations autographes de Mlle de Gournay.

559. — Hotomani (Francisci), jurisconsulti, Franco-Gallia. Editio tertia... — (s. l.), *ex. offic. Johannis Bertulphi,* 1576, in-8°.

A la suite : De jure magistratuum in subditos et officio subditorum erga magistratus, tractatus... e gallico in latinum conversus... — (*Lyon, ap. J. Mareschallum*, 1576, in-8º.)

560. — HOTOMAN (François). — La Gaule Françoise... nouvellement traduite de latin en françois. — *Cologne, Hiérôme Bertulphe*, 1574.

561. — IRENÆI (Divi), episcopi Lugdunensis, adversus hæreses... — 1582, in-8º.

Le titre manque.

562. — JOVE (Paul). — Elogia doctorum virorum ab avorum memoriâ... illustrium... — *Anvers*, 1557, in-8º.

563. — JUVENALIS (Junii), satyræ sexdecim, cum veteris scholiastæ et Joan. BRITANNICI commentariis... — *Lutetiæ, Cl. Morellus*, 1613, in-4º.

Exemplaire annoté par Frédéric Morel, ami de Montaigne.

564-567. — LA BOETIE (Étienne de). — Mémoires de l'Estat de France sous Charles IX... — *Meidelbourg*, 1578, 3 vol. in-8º.

C'est dans le tome III que parut pour la première fois le Discours sur la servitude volontaire de La Boëtie. — Deuxième exemplaire du tome III, incomplet.

568. — De la servitude volontaire où le Contr'un... (1548). — *Paris, Chamerot*, 1835, in-18.

569. — De la servitude volontaire..., transcrit en langage moderne par Adolphe RECHASTELET (Charles TESTE). — *Bruxelles et Paris*, 1836, pet. in-12.

570. — Œuvres complètes, réunies pour la première fois et publiées avec des notes, par Léon FEUGÈRE. — *Paris, J. Delalain*, 1846, in-12.

571. — Notice bio-bibliographique sur La Boëtie, ami de Montaigne, suivie de la servitude volontaire, donnée pour la première fois selon le vrai texte de l'auteur par le Dr J.-F. PAYEN. — *Paris, Didot*, 1853, in-8°.

A la suite : 1° Discours de la servitude volontaire, imprimé dans les *Mémoires de l'Estat de France sous Charles neufiesme*. — 1578, t. III.

2° Le même, publié comme supplément à la 8e philippique, dans *L'Ami de la Révolution*. 1790. 5 août 1791.

3° Discours du citoyen MARIUS, plébéien et consul, traduit de SALLUSTE, suivi du discours d'Étienne DE LA BOETIE sur la servitude volontaire, traduit en français d'aujourd'hui par l'INGÉNU, soldat dans le régiment de Navarre (M. LAFITTE, avocat). 1789.

572. — Notice bio-bibliographique sur La Boëtie... par le Dr J.-F. PAYEN. — *Paris, Didot*, 1853, in-8°.

A la suite : 1° De la servitude volontaire... avec une préface de F. DE LAMENNAIS. — *Paris, Daubrée et Cailleux*, 1835, in-8°.

2° Notice bibliographique des ouvrages de M. de Lamennais et de leurs réfutations, par J.-M. QUÉRARD. — *Paris*, 1849, in-8°.

573-574. — De la servitude volontaire, discours... précédé d'une préface par A. VERMOREL et suivi de lettres de Montaigne relatives à La Boëtie. — *Paris, Dubuisson*, nov. 1863, in-32.

Deux exemplaires.

575-576. — De la servitude, discours... précédé

d'une préface par A. Vermorel. — *Paris, Dubuisson,* juin 1864, in-32.

Deux exemplaires.

577. — Le Contr'un ou De la servitude volontaire. — Petit in-12 (xixe siècle).

Manuscrit.

578. — Discorso della schiavitu volontaria, o il Contra uno, tradotto nell' italiano idioma. — *Napoli,* 1799, in-16.

Traduction de César Paribelli. — A la suite : De la servitude... ouvrage publié en l'an 1549 et transcrit en langage moderne pour être plus à la portée d'un chacun, voire des moins aisés, par Ad. Rechastelet (Charles Teste). — *Bruxelles et Paris,* 1836, in-16.

579-580. — La mesnagerie de Xenophon. Les règles de mariage de Plutarque. Lettre de consolation de Plutarque à sa femme. Le tout traduit de grec en françois par feu M. Estienne de La Boetie... ensemble quelques vers latins et françois de son invention. Item, un discours sur la mort dudit seigneur de La Boetie par M. de Montaigne. — *Paris, imp. de Fed. Morel,* 1571, in-8°.

Deux exemplaires dont le premier est accompagné du *fac simile* de la signature de La Boëtie et d'une vue dessinée de son château.

581-582. La mesnagerie de Xenophon... — *Paris, Fed. Morel,* 1572, in-8°.

Deux exemplaires.

583. — La mesnagerie d'Aristote et de Xenophon, c'est-à-dire la manière de bien gouverner une famille, traduicte... par feu Estienne de La Boetie... et mise en lumière avec quelques vers françois et latins dudict La Boetie, par Michel, sieur de Montaigne. — *Paris, Claude Morel*, 1600, in-8°.

584-585. — La Primaudaye (Pierre de). — Académie françoise..... — *Paris, G. Chaudière*, 1587, 3 tomes en 2 vol. in-8°.

Le tome III porte : Pour Jacques Chouet, 1599. — Il est suivi de : La Philosophie chrétienne de l'Académie françoise ; de la Philosophie des anges, par L. Meysonnier, et de l'Anthologie ou Recueil de plusieurs discours notables, par Pierre Breslay, Angevin. — *Paris, J. Poupy*, 1574, in-8°.

586. — Lipse (Juste). — Cornelii Taciti opera quæ exstant, Justus Lipsius postremum recensuit... — *Antuerpiæ, ex. offic. Plantiniana*, 1627, in-fol.

Exemplaire donné en prix à J. Denys de Lestonnac et portant sa signature.

587. — Loysel (Antoine). — De l'œil des rois et de la justice. — *Paris, Abel L'Angelier*, 1595, in-8°.

Remontrance faicte en la Chambre de justice le 26 janvier 1582, et dédiée à Montaigne.

588-589. — La Guyenne... qui sont huict remonstrances... plus une autre remonstrance. — *Paris, L'Angelier*, 1605, in-8°.

Deux exemplaires.

590. — Malavolti (Orlando). — Dell' historia di Siena.... la prima parte. — *Siena, L. Bonetti,* 1574, in-4°.

Signature de Torquato Tasso.

591. — Morel (Frédéric). — Παροιμιαι εμμετροι. Proverbiales græcorum versus J. Scaliger, Jul. Cæs. F. pridem græce collegit, composuit, digessit : Fed. Morellus, Federici F. prof. reg. latine expressit eod. genere carminis. — *Lutetiæ, ap. Fed. Morellum,* 1594, in-8°. Pièce.

592. — Perionius (Joannes). — Aristotelis de republicâ... libri VIII. — *Paris, Thomas Richard,* 1577, in-4°.

A la suite : l'Économie de Xénophon et d'Aristote. — Ancienne reliure, portant sur les plats un fer en or représentant le portrait de François Ier.

593. — Persii Flacci (Auli) satiræ... — *Lutetiæ, ap. Morellum,* 1601, in-4°.

Signature; probablement d'un membre de la famille de Montaigne.

594. — Platter. — Mémoires de Félix Platter, médecin Bâlois. — *Genève, J. G. Fick,* 1866, in-8°.

595. — Raemond (Florimond de). — L'Antichrist... — *Lyon, J. Pillehotte,* 1597, in-8°.

Dédicace autographe de l'auteur.

596. — Ringhier (Messer Innocent). — Cinquante

jeus divers d'honnete entretien, industrieusement inventés... et fais françois par Hubert Philippe DE VILLIERS. — *Lyon, Ch. Pesnot, 1555, in-4°.*

597. — RONSARD (Pierre de). Œuvres choisies... par SAINTE-BEUVE. — *Paris, Sautelet et Mesnier, 1828, in-8°.*

598. — SAN PEDRO (Diego de). — Carcel de amor, la Prison d'amour. En deux langaiges, espaignol et françois pour ceux qui voudront apprendre l'un par l'autre. — *Paris, N. Bonfons, 1594, in-12.*

599. — SCALIGERANA, editio altera ad verum exemplar restituta.... — *Coloniæ Agrippinæ, ap. Gerbrandum Scagen, 1667, in-12.*

600. — SCHURMAN (Nobilissimæ Virginis *Annæ Mariæ a*) opuscula hebræa, græca, latina, gallica, prosaica et metrica. Editio secunda..... — *Lugduni Batavorum, ex. offic. Elzeviriorum, 1650, in-8°.*

601. — SEBON (Raymond). — Theologia naturalis, liber creaturarum. — *Impsus Davétrie p. me Richardum paffroed.* (s. d. circa 1477), in-fol.

602. — Theologia naturalis, sive liber creaturarum. — *Lugo*, 1507, in-8°.

603. — Liber creaturarum. Theologia naturalis.... — *Lugduni*, 1540, in-8°.

Ces trois éditions (Nos 601-603) sont imprimées en caractères gothiques. Celles de 1507 et de 1540 contiennent le prologue qui les fit mettre à l'index sous Clément VIII.

604. — Theologia naturalis..... seu veriùs thesaurus divinarum considerationum.... — *Venetiis, ap. Franciscum Ziletum,* 1581, in-8°.

605-606. — Theologia naturalis..... — *Lugdini, sumptibus Petri Compagnon,* 1648, in-8.

Deux exemplaires; à la fin du deuxième on a ajouté le prologue.

607. — Theologia naturalis.... — *Solisbaci, sumptibus J.-E. de Seidel,* 1852, in-16.

608. — La théologie naturelle de dom Raymon SEBON, docteur excellent entre les modernes..... — *Paris, Vascosan,* 1551, in-4°.

Traduction de Jean MARTIN. A la suite : Opuscule de saint AUGUSTIN..... traduit par Valentin du CAURROY..... — *Paris, Vascosan,* 1551, in-4°.

609. — La théologie naturelle..... mise premièrement de latin en françois, par Jean MARTIN..... — *Paris, Vascosan,* 1565, in-8°.

610. — Même traduction. — *Paris, Vascosan,* 1566, in-8°.

611. — Même traduction. — *Paris, Fed. Morel,* 1597, in-12.

612. — Dialogos de la naturaleza del hombre, de su principio, y su fin..... traduzidos de lengua

latina en la qual los compuso... maestro R. SEBUNDE, en Castellana.... por el padre fray Antonio ARES... — *Madrid, Juan de la Cuesta,* 1614, in-4°.

613. — Même traduction. — *Madrid, J. de la Cuesta,* 1616, in-4°.

614-615. — Le creature ampio libro dell'uomo, opera di R. SABUNDE..... rifusa ed accomodata..... da un sacerdote della Compagnia di Gesù..... — *Modena, della tipografia Camerale,* 1823, 2 vol. in-8°.

616-617. — De naturâ hominis R. SEBUNDI dialogi : Viola animi ab ipso autore inscripti. — *Lugduni, ap. Seb. Gryphium,* 1554, in-8°.

Deux exemplaires.

618. — De naturâ hominis..... — *Lugduni, ap. Theob. Paganum,* 1550, petit in-8°.

619-620. — De naturâ hominis..... — *Lugduni, ap. Theob. Paganum,* 1568, petit in-8°.

Deux exemplaires.

621. — Viola anime per modum dialogi inter R. SEBUNDIUM.... — *Mediolani, ap. fratres de Lignano,* 1517, in-16.

Edition originale. Caractères gothiques.

622. — La Violette de l'âme, composée en forme de dialogue..... le tout mis en françois par Charles

BLENDECQ, religieux de Marchiennes. — *Arras, imp. de Guillaume de La Rivière,* 1600, petit in-12.

623. — La Violette... traduicte par D. Charles de BLONDEL... — *Arras, Fr. Bauduin,* 1617, petit in-12.

Même édition que celle d'Arras, 1600.

624. — SHAKESPEARE (William). — The works.... edited by Will. George CLARK and Will. Aldis WRIGHT. — *Cambridge and London,* 1865, in-12.

625. — SIXTE-QUINT. — Brutum fulmen..... adversus Henricum serenissimum regem Navarræ. — (s. l.) (1585), in-8°.

626-627. — TABOUROT. — Les touches du seigneur des Accords..... — *Paris, Jean Richer,* 1585-1588, 5 livres en 2 vol. petit in-12.

En tête du 2e volume, M. Payen a écrit un grand nombre de notes biographiques et bibliographiques.

628. — Les touches du seigneur des Accords..... — *Paris, Estienne Maucroy,* 1662, petit in-12.

629. — Les bigarrures et touches du seigneur des Accords, avec les apophtegmes du sieur GAULARD..... — *Paris, Arnould Cotinet,* 1662, in-12.

630-631. — Les touches..... — *Paris, J. Richer,* 1585-1588, 2 vol. in-12.

Réimpression faite à Bruxelles, en 1863.

632. — Advis aux françois de la résolution prise aux Estats de Bloys, 1588, contre Henry de Bourbon, soy-disant roy de Navarre.— *Paris*, 1589, in-12. Pièce.

L'advis est précédé d'une pièce de vers de TABOUROT.

633. — VINET (Elie). — L'antiquité de Bourdeaus et de Bourg.... — *Bourdeaus, Simon Millanges*, 1574, in-4°.

Réimpression de 1860. — *Bordeaux, Chaumas*, in-4°. Notice sur Elie Vinet, par M. H. RIBADIEU.

634. — VINTIMILLE, Rhodien (Jacques des comtes de). — La Cyropédie de XÉNOPHON, traduite..... — *Paris, Vincent Norment*, s. d., (1572), in-8°.

635. — Histoire contenant les plus mémorables faits advenus en l'an 1587, tant en l'armée commandée par M. le duc de Guyse qu'en celle des Huguenots, conduite par le duc de Bouillon..... le tout envoyé par un gentilhomme françoys à la royne d'Angleterre. — *Paris, Didier Millot*, 1588, in-8°.

636. — Discours au vray de la deffaicte des reistres du prince de Béarn à Connerré, par Monsieur le comte de Brissac, suivant la lettre d'un gentilhomme estant à la dicte deffaicte. — *Lyon, Louys Tantillon*, 1589, in-8°. Pièce.

Vᵉ Section.

Ouvrages manuscrits et imprimés de M. J.-F. Payen.

637-640. — Œuvres de M. PAYEN, relatives à Montaigne. — 4 vol. in-8° :

T. I. — 1° Notice bibliographique sur Montaigne... — *Paris, Duverger,* 1837, in-8°. — 2° Documents inédits ou peu connus sur Montaigne..... — *Paris, Techener,* 1847, in-8°.

T. II. — 1° Nouveaux documents inédits ou peu connus sur Montaigne..... — *Paris, Jannet,* 1850, in-8°. — 2° Documents inédits sur Montaigne, n° 3. — *Paris, Jannet,* 1855, in-8°.

Deux exemplaires.

T. III. — Recherches sur Montaigne, documents inédits..... n° 4. — *Paris, Techener,* 1856, in-8°. — 2° Maison d'habitation de Michel Montaigne à Bordeaux. — *Paris, Techener,* 1855, in-8°. — 3° Un mot de réponse au très-érudit M. Gustave Brunet, de Bordeaux, au sujet de son article sur Remon Sebon. — in-8°. (Extrait du journal *Le Quérard*).

— 4° Bulletin du bibliophile; janvier-février 1856. (Premier état des *Recherches*..... n° 4.)

T. IV. — 1° Notice bio-bibliographique sur La Boëtie, l'ami de Montaigne, suivie de la Servitude volontaire, donnée pour la première fois, selon le vrai texte de l'auteur..... — *Paris, Firmin Didot frères,* 1853, in-8°. — 2° Analyse de cet ouvrage, par M. Gustave BRUNET (Extrait du « Bulletin du Bibliophile », décembre 1853). — 3° Testament de Etienne de LA BOETIE, l'ami de Montaigne, publié pour la première fois. (Par M. LAPEYRE.) — *Périgueux, A. Boucharie,* 1854, in-8°. — 4° Le même. (Extrait du « Chroniqueur du Périgord.... » février 1854.)

641. — Actes publics, contrats de mariage et autres, signés par Montaigne, ses ancêtres, ses descendants (copies manuscrites) :

1° Contrat de mariage de Michel et de Marie de Montaigne; 2° testament d'Eléonore de Montaigne; 3° Contrat de la vente faite à Montaigne d'une forêt voisine de son château; 4° Testament de Guillaume de la Chassaigne; 5° Pierre-Eyquem de Montaigne, conseiller à la Cour des Aides de Périgueux; 6° Achat d'une métairie par Bertrand de Montaigne; 7° Testaments de Thomas et de Ramon Eyquem; 8° Partage de la succession de Pierre Eyquem de Montaigne, entre Michel, Thomas, Pierre et Armand; 9° Actes de l'état civil relatifs à Bertrand de Montaigne, seigneur de Mattecoulon; 10° Lettres autographes de MM. l'abbé AUDIERNE, Gustave BRUNET, de CAZENAVE et Jules DELPIT.

642. — Annales de la « Société d'Agriculture, Sciences et Arts de la Dordogne ». — *Périgueux*, 1850, in-8°. (Extrait.)

<small>A la suite : Nouveaux documents inédits ou peu connus sur Montaigne..... — Paris, P. Jannet, 1850, in-8°.</small>

643. — Appel aux érudits : Citations, faits historiques, allusions, allégations.... qui se trouvent dans les Œuvres de Montaigne, et dont la source n'a point été indiquée par les éditeurs. — *Paris, Jouaust*, 1857, in-8°. Pièce.

644. — Appel aux érudits.... — Deux exemplaires : l'un, interfolié, contenant les additions manuscrites de M. Payen; l'autre annoté par lui. M. Payen y a joint des notes sur l'orthographe et la prononciation du nom de Montaigne, et la volumineuse correspondance des *Érudits* qui répondirent à son *appel*. Lettres autographes de MM. BARY, Gustave BRUNET (de Bordeaux), de CHAPONAY, CHARPENTIER, CORPET (avec le catalogue de la bibliothèque de M. Corpet, vendue après sa mort, le 6 avril 1858), Reinhold DEZEIMERIS (de Bordeaux), FLOQUET, Edouard FOURNIER, prince Auguste GALITZIN, GAULLIEUR (de Genève), P. JANNET, LAPEYRE (de Périgueux), Charles LIVET, MASSON, Ed. MOET, A. de MONTAIGLON,

Moreau, Payen, Péricaud (de Lyon), Rostain, Roulin, Ph. Tamizey de Larroque, Ch. Weyss.

645. — Armoiries et cachets de la famille de Montaigne.

Empreintes sur cire.

646. — Bayle Saint-John (Notes sur *Montaigne the Essayist*, ouvrage de M.) :

1° Analyse manuscrite; 2° Critique manuscrite; 3° Articles de M. Taxile Delord (Le Siècle, 17 mai 1858), et H. Rigault (Journal des Débats, 16 juin 1858); 4° Article de M. Trapadoux (Revue contemporaine, 31 janvier 1858); 5° The Leader (12 décembre 1857); 6° The Athenæum (12 décembre 1857); 7° The Daily news (26 décembre 1857); 8° The saturday Review (16 janvier 1858); 9° Revue Britannique (février, mars et avril 1859); 10° Lettres autographes de MM. Bayle Saint-John, Janin et Jannet.

647. — Bibliographie (manuscrit) :

1° Le brouillon de la Notice bibliographique sur Montaigne, par M. Payen. — 2° Renseignements sur l'exemplaire annoté des Essais, par Montaigne lui-même. — 3° Notes sur l'édition de 1600 imprimée à Paris, chez *Abel L'Angelier, au premier pilier de la grande salle du Palais*. — 4° Notes bibliographiques diverses. — 5° Feuilleton du *Progrès*, par M. Jourdan (8 juin 1861). — 6° Avis intéressant sur les voyages de Montaigne nouvellement recouvrés. — 7° Revue de bibliographie analytique..... par MM. E. MILLER et A. AUBENAS. — *Paris,* octobre 1844, in-8° (transcription manuscrite). — 8° Feuilleton de la Presse, par M. Paulin LIMAYRAC (8 mai 1854). — 9° Notes sur Pierre Coste. Copie d'une lettre autographe relative à Montaigne et qui appartient à M. Feuillet de Conches. — 10° Essais de Montaigne manuscrits, ayant appartenu à Bastide. Analyse des lectures faites par BASTIDE à l'Académie de Berlin et imprimées dans les Actes de cette Compagnie. — 11° Lettres autographes de MM. BARBIER et CHARLIER.— 12° Montaigne commenté à neuf par M. BASTIDE (Mémoire lu à l'Académie, le 30 juin 1803), in-4°. (Deux exemplaires.)

648. — Bibliographie :

1° Catalogue des livres de Montaigne (manuscrit). — 2° Notes bibliographiques. Article de M. BOYER, extrait de *la Gironde* (17 octobre 1866). — 3° Recherches sur la recension du texte posthume des Essais de Montaigne, par Reinhold DEZEIMERIS (manuscrit). — 4° Notes manuscrites et lettres autographes de MM. DELEPIERRE, P. JANNET et Gust. MASSON, sur l'exemplaire des *Essais,* de la reine Élisabeth. — 5° Essais de Michel de Montaigne. Édition nouvelle. Spécimen du texte proposé au Dr J.-F. P. (Payen), par R. D. (Reinhold DEZEIMERIS). — *Bordeaux, Gounouilhou,* juin 1866, in-8°.— 6° Six feuilles d'épreuves de l'édition des Essais publiée par MM. DEZEIMERIS et BARCKHAUSEN. — 7° Lettre à M. Téchener par le D' J.-F. PAYEN. Note sur l'édition in-fol. des Essais de Montaigne publiée en 1595

649. — Biographie de Montaigne (manuscrit, in-4°) :

1° Oratio pro Michaele Montano, 1844. 2° Tableaux synchroniques de l'histoire générale, de l'histoire politique de Bordeaux, de la biographie de Michel Montaigne, pendant la durée de la vie de ce philosophe. 3° P. Appiano BUONAFEDE. 4° Lettres de DUPLESSIS-MORNAY adressées à Michel Montaigne. 5° Opinion des meilleurs auteurs sur la méthode ordinairement employée p... ...seignement des langues anciennes (prospec... .° Le Vieux-Neuf, par M. Edmond FOURNIER; XIIe article (Le Siècle, 19 décembre 1852). 7° Tableaux généalogiques. 8° Famille Dupuy. Extrait des Mémoires de la vie de Jacques-Auguste de Thou. 9° Lettres autographes de M. FEUILLET DE CONCHES.

650. — Notes biographiques, bibliographiques et littéraires sur Michel et Eléonore de Montaigne, Marie de Gournay, Charles de Gamaches, Raymond Sebon (Copies et transcriptions manuscrites, par M. Payen) :

1° Préface inédite de J. PRUNIS, chanoine régulier de la congrégation de Chancelade, pour la première édition du Voyage de Michel Montaigne. 2° Observations sur l'exemplaire des Essais de 1725, annoté par Coste, sur celui de François de Neufchâteau, sur les éditions billots des Essais. Copie figurée des fleurons, vignettes, frontispices et lettres initiales. 3° Généalogie de la famille de Gamaches. 4° Entretien de M. Pascal et de M. de Sacy sur la lecture d'Épictète et Montaigne.

M. Payen a intercalé dans ce manuscrit : 1° des Extraits des poésies de Mme D'HOUDETOT, du Journal de l'Instruction publique (4 novembre 1846, 14 septembre 1850;—articles de MM. MACÉ et L. FEUGÈRE), de l'Epoque (5 novembre 1846), du Bulletin du Bibliophile (octobre et novembre 1846; —article de M. PAYEN), de la Réforme (11 février 1847), concernant Montaigne; 2° des Extraits de la Presse (1er juillet 1850;—article de M. Th. GAUTIER), du Journal des Débats (1er juillet 1850; — article de M. Jules JANIN), du Moniteur Universel (29 Janvier, 24 mars, 4 et 5 avril 1857; — article de M. Ch. LIVET), et des copies manuscrites de fragments de l'Histoire littéraire des femmes françaises (Paris, 1769, t. 1), de A biographical dictionary of celebrated women, by M. BETHAM (London, 1804), et du Dictionnaire historique des femmes célèbres (Paris 1769, t. II), le tout relatif à Mademoiselle de Gournay et au *Proumenoir de Montaigne;* 3° des Extraits de la Presse (20 décembre 1855, 19 mai 1856; — articles de MM. NEFFTZER, A. BONNEAU, A. PEYRAT et Isidore CAHEN), ayant trait à Raymond Sebon; 4° des Lettres autographes de MM. Gustave BRUNET, CLÉ-

Rambault, Jules Delpit, Feuillet de Conches, Floquet, Guillemot, Livet et Perrens.

651 — Notes biographiques, généalogiques et littéraires sur Montaigne (manuscrit.)

M. Payen y a intercalé : 1° les feuilletons de la Presse du 19 avril 1856 et du 27 septembre 1858 (article de M. Frédéric Thomas); 2° la Notice de quelques précieux autographes et manuscrits, vendus après le décès de Mme de Castellane (1849, in-8°); 3° le Courrier Français (28 février 1845 ; — article de M. Vallet de Virivile); 4° le Panthéon de la Pensée (prospectus); 5° Extraits du Mercure de France (août 1737, in-12).

652. — Bourgeoisie romaine :

1° Essais..... édition J.-V. Leclerc..— *Paris, Lefèvre,* 1826, in-8° (t. IV, p. 455-569). — 2° Translat authenticq de certaines lettres patentes du sacré sénat et peuple romain, octroyées au très-illustre Michel de Montaigne..... 1581.

Manuscrit.

653-654. — Bulletin de l'alliance des arts..... — *Paris,* 10 et 25 décembre 1844, in-8°.

Lettre sur Montaigne et réponse de M. Payen. Deux exemplaires du numéro du 10 décembre.

655. — Compte-rendu des travaux de la Commission des monuments et documents historiques, et

des bâtiments civils du département de la Gironde, par MM. Dosquet et Lamothe. — *Paris, Didron,* 1855, in-8°.

<small>Exemplaire interfolié, portant de nombreuses corrections et annotations de M. Payen.</small>

656. — Correspondance. Lettres autographes adressées à M. Payen, par MM. l'abbé Audierne, Barbier et Journu-Auber, Bary, Béranger, Gustave Brunet, Burgaud des Marets, de Cayrol, de Cazenave, Michel Chasles, Decourcelle, Delfosse et Van de Weyer, Delisle, Jules Delpit, Desmaizons, Reinhold Dezeimeris, Ditchfield, Dormeuil, Dupont, Léon Feugère, Feuillet de Conches, Floquet, Galy, Alphonse Grün, Guillaume Guizot, Abel Jeandet, Laguette, Lapeyre, Laverdet, Alphonse Lemerre, Lieutaud, Charles Livet, Amédée Matagrin, Jules Niel, Ch. Nodier, Payen, Péricaud aîné, Ramon, Ravenel, Regnard, Rostain, Villars, Ch. Weiss.

657. — Correspondance et conversations avec M. Eugène Coquebert de Montbret. — 1842, in-fol.

<small>Manuscrit.</small>

658. — Documents inédits ou peu connus sur Montaigne..... par le Dr J.-F. Payen. — *Paris, Techener,* 1847, in-8°.

<small>Deux exemplaires, dont le second, interfolié, porte des additions et corrections autographes de l'auteur, et est suivi : de</small>

lettres autographes de MM. l'abbé AUDIERNE, BARBIER, G. BRUNET, LAPEYRE, NOÉ, PARISON; d'extraits du journal de l'Amateur de livres (1-15 juin 1849), du catalogue de M. de Quatremère de Quincy, du Bulletin du bibliophile (février 1847, article de M. DUPLESSIS), et de la Presse (2 janvier 1855).

659. — Documents inédits sur Montaigne..... par le Dr J.-F. PAYEN, n° 3. — *Paris, P. Jannet,* 1855, in-8°.

660. — Documents..... n° 3. — Exemplaire interfolié, annoté par l'auteur.

Quelques lettres autographes de MM. J. NIEL et LAPEYRE. Extrait du Bulletin du bibliophile (14 juillet 1855 ; — article de M. RATHERY).

661. — Edition projetée des Essais (Notes manuscrites relatives à une). — In-8°.

M. Payen y a intercalé : 1° Appel aux Erudits..... — *Paris, Guiraudet,* 1857, in-8°. — 2° Notices sur Rabelais, par MM. BARRÉ et BURGAUD DES MARETS. — 3° Articles de M. G. BRUNET, extraits de la Quotidienne (août 1843). — 4° Autres articles du même, inédits. — 5° Les Essais de Montaigne. Leçons inédites.... (par M. Gust. BRUNET). — *Paris, Techener,* 1844, in-8°. — 6° Nouvelle revue encyclopédique publiée par MM. DIDOT..... — *Paris,* août, 1846, in-8°. — 7° Revue de Bibliographie analytique. — *Paris,* octobre 1844, in-8° — 8° Bulletin du Bibliophile belge. — *Bruxelles,* septembre 1855. — 9° Note (manuscrite) sur l'exemplaire de 1588, appartenant à M. de Lignerolles. — 10° Documents inédits.... par le Dʳ Payen, n° 3. — *Paris, Jannet,* 1855, in-8°.

662. — Edition projetée des Essais. — Lettres autographes et notes de MM. Binaut, Gust. Brunet, Jules Delpit, et Payen.

663. — Edition projetée des Essais. — Livre 1 des Essais, de l'édition J.-V. Leclerc, annoté et corrigé au point de vue orthographique par M. Payen, et suivi de notes manuscrites du même.

664-665. — Essais de Michel de Montaigne. — *Rouen (chez Angot, ou Besongue, ou Berthelin),* 1619, 2 vol. in-8°.

Exemplaire interfolié. Notes de M. Payen.

666-669. — Essais..... — *Paris, Pierre Didot l'aîné et Firmin Didot,* 1802, 4. vol. in-8°.

Exemplaire annoté par M. Gustave Brunet.

670-673. — Essais..... — *Paris, Didot,* 1802, 4 vol. in-8°.

Exemplaire interfolié, annoté par M. Payen.

674. — Les Essais..... — *Rouen, Jacques Besongue,* 1619. in-8°.

Frontispice. Note manuscrite de M. Payen sur les éditions de Rouen (1619).

675. — Fief de Montaigne (Documents relatifs au) :

1° De la Collection géographique créée à la Bibliothèque royale (par M. JOMARD). — *Paris, Duverger,* 1848. — 2° Rapport sur les Documents géographiques de diverses Bibliothèques publiques de France, par M. E. CORTAMBERT (Journal de l'Instruction publique, 30 janv. 1856). — 3° Vues et plans du Château de Montaigne. — 4° Copie de l'acte de vente de ce Château. — 5° Descriptions diverses de ce Château : deux manuscrites, par M. PAYEN, faites, la première, en 1778, et communiquée par M. le comte de Kercado; la deuxième, en 1801, par M. DU CAILA; les autres, par MM. MILLIN (Paris, 1811), JOUANNET (Bordeaux et Périgueux, s. d.), CHARRIÈRE (Périgueux, 1838), COMPAN, Bertrand DE SAINT-GERMAIN (Paris, 1850), PAYEN (Paris, 1850 et 1855), P. LACORDAIRE. — 6° Extraits des Éphémérides de BEUTHER. — 7° Lettres autographes de MM. DE CAZENAVE, LAPEYRE et MAGNE.

676. — Glossaire. — Notes manuscrites de M. PAYEN sur la langue de Montaigne, suivies d'un Glossaire (imprimé) des vieux mots français imprimés par Montaigne, de ceux pris par lui dans un autre sens que celui qu'ils ont ordinairement, et de ceux dont la signification a été changée depuis cet auteur. — in-4°.

677. — Glossaire. — Notes manuscrites, lettres,

extraits divers relatifs à la composition d'un Glossaire de la langue de Montaigne.

678. — Gournay (Marie Le Jars de). — Bibliographie. Pièces inédites. Article de M. PAYEN extrait du Bulletin du Bibliophile. Lettres autographes de MM. BARBIER, Gust. BRUNET, CUVILLIER-FLEURY, J. DELPIT, R. DEZEIMERIS, DE GAILLON, PÉRICAUD, PLUYGERS, ROSTAIN, THOMASSIN. Copies des lettres de J. LIPSE à Mlle de Gournay.

679. — Eschantillons de Virgile. Au Roy. — *Paris, 1620, in-8°.*

Calque du frontispice et note manuscrite de M. PAYEN sur cet ouvrage extrêmement rare.

680. — Documents relatifs à Mlle de Gournay :

1° Notes littéraires et bibliographiques (manuscrites) de M. PAYEN. — 2° Nouvelles Observations sur la langue française... avec les éloges des illustres sçavantes tant anciennes que modernes, par damoiselle Marguerite BUFFET. — *Paris, Jean Cusson,* 1668 (extrait). — 3° Dictionnaire des portraits historiques... — *Paris, Lacombe,* 1768 (extrait du tome I). — 4° Défense du beau sexe ou Mémoires historiques, philosophiques et critiques... (par D. CAFFIAUX). — *Amsterdam,* 1753 (extrait du tome II). — 5° Épigrammes de Mlle DE GOURNAY, suivies d'une Notice sur elle (extrait des Annales poétiques, t. XIV). — *Paris, Delalain aîné,* 1780. 6° Description de la ville de Paris, par Germain BRICE. — *Paris, Fournier*, 1713 (extrait). — 7° Le Portefeuille de la jeunesse... par BOUILLY. — *Paris, Moutardier*, 1830 (extrait). — 8° Extrait des Soirées littéraires de COUPÉ et du Dictionnaire historique et bibliographique de LADVOCAT.

681. — Idées sur Montaigne ou à son occasion, recueillies au cours de M. Guillaume GUIZOT... en 1865 (par M. Payen).

A la suite : 1° Notes prises au crayon au cours fait par M. G. GUIZOT au Collége de France sur Montaigne, en 1866; 2° Revue des Cours littéraires de la France et de l'étranger... — *Paris*, 20 janv. 1866, in-4°.

682. — Jugements et critiques sur Montaigne par divers auteurs (Manuscrit) :

Renseignements divers fournis (à M. Payen) par MM. BRUNET, de Bordeaux; DE CAYROL, de Compiègne; Francisque MICHEL, de Bordeaux; PÉRICAUD, de Lyon; DELPIT, de Bordeaux; LAPEYRE, de Périgueux; JOUANNET, de Bordeaux; PEIGNOT, de Dijon; WEISS, de Besançon; DE MOURCIN, de Périgueux; DE REIFFENBERG et DE REUME, à Bruxelles; FOURNIER (Édouard), à Paris; BRÉGHOT DU LUC, à Lyon; VAN DE WEYER, à Londres; DELEPIERRE, à Bruxelles; FLOQUET, à Rouen, etc... (titre de M. Payen).

683. — Jugements généraux sur Montaigne :

1° Dictionnaire de la conversation. 56° livraison. — *Paris, Belin-Mandar,* 1836, in-8°. — 2° Annales de l'Éducation (4 articles sur les *Idées de Montaigne en fait d'éducation*). — 3° Voyage dans les départements de la France... — *Paris, Brion,* 1793, in-8° (p. 1-44). — 4° Éloge de la Médecine et de la Chirurgie. Defense de la Médecine contre les calomnies de Montagne, par le sieur Beeverwyk, traduit du Hollandais par Mme de Zouteland. — *Paris, veuve Rebuffe,* 1730, in-12 (extr. du t. I). — 5° Almanach dédié aux dames pour l'année 1816. — *Paris,* in-32 (p. 149-158). — 6° Journal des Sçavants (août 1705 et juin 1731, extraits). — 7° Extrait en ce qui concerne Montaigne des Trois Siècles de notre littérature, par Sabatier. — *Amsterdam,* 1772 (t. II). — 8° Almanach de l'organisation sociale. — *Paris,* 1844 (p. 163-175). — 9° Extrait des Lettres juives ou Correspondance philosophique. — *La Haye, P. Paupie,* 1764 (t. VIII). — 10° De l'Influence de nos poëtes sur la langue française, par Émile Mazeus. — *Paris,* 1826, in-8°.

684. — Kormart (De Christophe) et de son analyse des Essais de Montaigne (par M. Payen). — *Paris, Guiraudet et Jouaust,* 1849, in-8°.

685. — La Boetie (Notices biographiques sur Etienne de). — In-8° :

1° Article de la Biographie universelle de F. Didot, par M. Payen. — *Paris,* 1853. — 2° Notice bio-

bibliographique sur La Boëtie, l'ami de Montaigne....
par le D`r` J.-F. PAYEN. — *Paris, Didot,* 1853. —
3° Testament d'Etienne de LA BOETIE (publié par
M. LAPEYRE.) — *Périgueux, A. Boucharie,* 1854. —
4° Analyse de la Notice de M. Payen, par M. Gustave BRUNET (Bulletin du bibliophile, décembre 1853).
— 5° Revue contemporaine (avril 1854; article de
M. Paulin PARIS sur la Notice). — 6° Article de
M. Jules DELPIT sur le même sujet, extrait du Chroniqueur du Périgord (octobre et novembre 1853).

686. — LA BOETIE (Documents bio-bibliographiques, généalogiques et littéraires sur Et. de). — Manuscrit, in-4°.

Entre les feuilles manuscrites, M. Payen a intercalé : 1° Des lettres autographes de MM. l'abbé
AUDIERNE, G. BRUNET, DELEPIERRE, J. DELPIT, LAPEYRE, VAN DE WEYER. — 2° Des extraits de l'Encyclopédie nouvelle, publiés par P. LEROUX et
J. REYNAUD. — *Paris, Furne,* 1847, in-4°; du Dictionnaire de la conversation. — *Paris, Belin-Mandar,*
1833, in-8°; de l'Histoire de la Révolution française,
par Louis BLANC. — *Paris, Langlois et Leclerc,* in-8°;
du Bulletin du bibliophile (août 1846); de la Démocratie chez les Prédicateurs de la Ligue, par Ch. LABITTE. — *Paris,* 1841, in-8° (p. I-LXXV). — 3° L'Echo
de Vesone (11 et 12 septembre 1856, art. de M. MÉRILHOU). — 4° la Servitude volontaire ou le Contr'un,
par LA BOETIE.— 5° Le Courrier Français (31 décembre 1846, art. de M. MARGUERIN). — 6° Journal des

Débats (14 avril 1852, art. de M. S. DE SACY). —
7° L'Artiste (art. de M. Paul MANTZ). — 8° La Revue
sociale (août-septembre 1847, Discours sur la Doctrine de l'humanité, par Pierre LEROUX). — 9° Notice
sur les noms de quelques auteurs célèbres du Périgord, par M. DE MOURCIN. — 10° Lettres de Montaigne (Ed. Desoer). — 11° Le Mémorial Bordelais
(6 novembre 1841, Discours de M. COMPANS). —
12° La Guyenne historique et monumentale (Extr. des
livraisons 53 et 54, art. de M. DUCOURNEAU). —
13° Testament d'Et. DE LA BOETIE... (par M. LA-
PEYRE). — *Périgueux, A. Boucharie*, 1854. — 14° Le
Magasin pittoresque (juin 1850, p. 179-183). —
15° Annales littéraires et agricoles de la Dordogne
(1848, t. IX). — 16° Le Moniteur universel (14 novembre 1853, art. de SAINTE-BEUVE). — 17° Nombreux feuillets volants extraits des diverses éditions
des Essais. — 18° Notice bio-bibliographique sur
La Boëtie... par le Dʳ J.-F. Payen, analysée par
M. Gustave BRUNET.

687. — La Boëtie (Article biographique sur Et. de).
— Manuscrit :

1° Premier brouillon de M. PAYEN; 2° Deuxième
brouillon du même article, trouvé trop étendu pour
la biographie Didot.

688. — Lettre à l'éditeur du Bulletin (par M. PAYEN).
— Bulletin du bibliophile, décembre 1844.

689. — Lettres inédites de Montaigne (articles de

M. Payen extraits du Journal de l'Amateur de livres, mars-mai 1850).

A la suite : Une lettre inédite de Montaigne... par Achille Jubinal. — *Paris, Didron*, 1850, in-8º.

690. — Mairie de Montaigne (Pièces relatives à la). — Communication faite par M. Detcheverry, 1582, in-fol.

Manuscrit.

691. — Maison et tombeau de Montaigne, in-8º :

1º Maison d'habitation de M. Montaigne à Bordeaux (par M. J.-F. Payen). — *Paris, Techener*, 1855. — 2º Compte-rendu des travaux de la Commission des monuments et documents historiques et des bâtiments civils du département de la Gironde, par MM. Dosquet et Lamothe. — *Paris, Didron*, 1855. — 3º Recherches et documents inédits sur Montaigne, par le Dr J.-F. Payen. — *Paris*, 1855. — 4º Compte-rendu des travaux de la Commission des monuments... de la Gironde, par MM. Rabanis et Lamothe. — *Paris, Didron*, 1852. — 5º Compte-rendu... par MM. Dosquet et Lamothe. — *Paris, Didron*, 1853.

692. — Maison d'habitation de Michel Montaigne à Bordeaux (par M. Payen). — *Paris, Techener*, 1855, in-8º.

Exemplaire interfolié, annoté par M. Payen. Lettres autographes de MM. Delpit et Dessales.

693. — Maison de Montaigne à Bordeaux (Notes et plans manuscrits relatifs à la).

A la suite : Maison d'habitation... (par M. PAYEN). — *Paris, Techener*, 1855, in-8°.

694. — Montaigne (Recueil factice de toutes les pièces connues par M. Payen, relatives à Pierre). — in-8° :

1° Vues lithographiées, par Mlle Marie PAYEN, des châteaux de Montaigne et de Mattecoulon; 2° Notes manuscrites; 3° Extraits du Bulletin du bibliophile, janv.-févr. 1855, et des Essais, l. I, c. 25 ; l. III, c. 9 et 10.

695. — Michael Montaigne's gedanken und meinungen... — 1797. Pièce.

Frontispice calqué à la main par M. Payen sur celui du deuxième volume de l'édition de Vienne (1797).

696. — Montaigne et Shakspeare :

1° Notes manuscrites relatives aux emprunts faits par Shakspeare à Montaigne. — 2° Michel Montaigne et J. Amiot étudiés par Shakspeare (Journal des Débats, oct.-nov. 1846, art. de M. Philarète CHASLES). — 3° The works of MONTAIGNE edited by William HAZLITT... — *London*, 1842, in-8° (p. I-LXIV). — 4° The retrospective review, nov. 1820. — 5° Lettres autographes de MM. Philarète CHASLES et Gustave BRUNET.

697. — Notes critiques et littéraires sur Montaigne (Manuscrit) :

1° Plusieurs réponses à l'*Appel aux Érudits* faites par l'érudit M. ROSTAIN, de Lyon (Lettres autographes). — 2° Annales littéraires et morales. — *Paris, Leclerc,* an XII (1804) (t. I, p. 225-247 ; transcription par M. Payen. — 3° Deus sphæræ intelligibilis cujus centrum ubique, circumferentia nusquam. — Quelle est la source de cette pensée? — 4° Conversations nouvelles sur divers sujets (par Mlle DE SCUDÉRY). — *Paris,* 1684, in-8° (extrait du t. II; transcription par M. PAYEN). — 5° Suicide de deux dragons à Saint-Denys... Réflexions de GRIMM, bonnes à citer au chapitre : Coutume de l'île de Céa (p. 13-22). — 6° Essai sur La Mothe le Vayer, par L. ÉTIENNE. — *Rennes, Vatar,* 1849 (transcription par M. Payen). — 7° Observations (manuscrites) sur Montaigne, par M. Charles ALLEAUME. — 8° Extrait des poésies de Mme D'HOUDETOT. — 9° Diogène et les Cyniques. Renseignements divers applicables aux Essais de Montaigne. — 10° VAUVENARGUES sur Montaigne et Pascal. — 11° Sur la manière d'écrire et de lire la vie des grands hommes, par M. DE MAUPERTUIS. — 12° Mémoires secrets pour servir à l'histoire de la république des lettres en France.... — *Londres, J. Adamson,* 1770 (Extraits, transcription par M. Payen). — 13° Analyse du Christianisme de Montaigne de Labouderie, par M. PAYEN. — 14° CHATEAUBRIAND sur Montaigne (Extraits des Mémoires d'Outre-tombe).

— 15° Religion et caractère de Montaigne. — 16° Extrait d'*Une promenade à Ermenonville* (p. 81-96).

698. — Notice bibliographique sur Montaigne, par J.-F. Payen, d. m. — *Paris, Duverger,* 1837, in-8°.

699. — Notice bibliographique.

Exemplaire portant des notes et corrections autographes de l'auteur.

700. — Notice bibliographique.

A la suite : 1° Documents inédits ou peu connus... par le Dr Payen. — *Paris, Techener,* 1847, in-8°. — 2° Les Essais... Leçons inédites recueillies par un membre de l'Académie de Bordeaux (M. Gustave Brunet). — *Paris, Techener,* 1844, in-8°.

701-702. — Notices biographiques. Michel Eyquem, seigneur de Montaigne, par Buchon.

A la suite : Notice bibliographique sur Montaigne, par J.-F. Payen, d. m. — *Paris, Daverger,* 1837, in-8°.
Deux exemplaires.

703. — Notice bio-bibliographique sur La Boëtie, suivie de la Servitude volontaire... par le Dr J.-F. Payen. — *Paris, Didot,* 1853, in-8°.

Exemplaire portant des corrections et annotations autographes de l'auteur, et accompagné des jugements et articles inspirés par l'ouvrage et des lettres autographes adressées, à son occasion, à M. Payen, par MM. Brunet, Delpit, Francisque Michel, Pattison et Van de Weyer.

704. — Nouveaux documents inédits ou peu

connus sur Montaigne, recueillis et publiés par le
Dr J.-F. PAYEN. — *Paris, P. Jannet*, 1850, in-8°.

Exemplaire interfolié contenant de nombreuses annotations de l'auteur. M. Payen y a intercalé : 1º des extraits du Bulletin du bibliophile (nos 22, 23, 24, 1850, art. de M. DE MALDEN); de catalogues divers; du Christianisme de Montaigne de Labouderie; du Constitutionnel (28 avril 1851, art. de SAINTE-BEUVE); du Quérard (mars-avril 1855); de l'Écho de Vesone (26 août 1853); du Chroniqueur du Périgord (juin 1854, art. de M. Gust. BRUNET); de la Presse (28 octobre 1854, art. de M. P. VINÇARD); du Journal de l'Instruction publique (8 mai 1861, art. de M. J. LAPAUME); 2º des Lettres autographes de MM. G. BRUNET, CAHIER, DE CHAMGRAND, J. DELPIT, GOUIN, GRÜN, LAPEYRE, RANCOULET, ROSTAIN.

705. — Portraits divers de Montaigne, gravés et lithographiés. Notes manuscrites de M. PAYEN sur les portraits de Montaigne.

706. — Portraits. Notices (Manuscrit).

707. — Quérard (Le). — Nos 9, 10 et 11. — *Paris*, 1855, in-8°.

Article de M. Gust. BRUNET sur Remon Sebon, et réponse de M. PAYEN.

708-709. — Recherches sur Michel Montaigne (par M. PAYEN). Correspondance relative à sa mort. — *Paris*, in-8°. Pièce.

Extrait du Bulletin du bibliophile.
Deux exemplaires.

710. — Recherches sur Montaigne..... par le

D' J.-F. PAYEN, n° 4... — *Paris, Techener*, 1856, in-8°.

Exemplaire interfolié, annoté par l'auteur.

711. — Registres secrets du Parlement de Bordeaux. Extraits faits principalement (par M. PAYEN) au point de vue de Montaigne et de La Boëtie. — 1853, in-4° (Manuscrit).

712. — Relevé complet des passages inconnus des Essais, notés sur mon exemplaire interfolié et sur l'exemplaire de Naigeon. — Nov. 1856 (Manuscrit).

A la suite : 1° Citations, faits historiques, allusions, allégations, etc., qui se trouvent dans les Essais de Montaigne. — *Paris, Guiraudet et Jouaust*, 1857, in-8°. (C'est le premier état de l'*Appel aux Érudits.)* — 2° Deux exemplaires de l'Appel aux Érudits. Citations... — *Paris, Guiraudet et Jouanot*, 1857, in-8°, 24 pages (état définitif). — 3° Notes and queries (9 janv. 1858, art. de M. Gust. MASSON). — 4° La Correspondance littéraire (déc. 1857, art. de M. Gust. BRUNET).

713. — Renseignements d'une extrême importance pour la biographie et la généalogie de Montaigne :

1° Analyse (manuscrite) des Mémoires pour le procès de Lur-Saluces.— 2° Renseignements généalogiques (manuscrits). — 3° Visite au château de Montaigne, par le D' Bertrand DE SAINT-GERMAIN. — *Paris, Techener*, 1850, in-8°. — 4° Notes historiques sur le monastère de Saint-Antoine des Feuillants, à Bordeaux, par L. DE L. (Louis DE LAMOTHE). — *Bordeaux, Chaumas*, 1846, in-8°. — 5° Compte-rendu des travaux de la Commission des monuments... de la

Gironde. — *Paris, Didron,* 1855 (extrait). — 6° Maison d'habitation de Montaigne à Bordeaux (par M. PAYEN). — *Paris, Techener,* 1855, in-8°. — 7° Recherches et documents inédits sur Montaigne (par M. PAYEN. — Bulletin du bibliophile, déc. 1855). — 8° Lettres et notes autographes de MM. l'abbé AUDIERNE, G. BRUNET, J. DELPIT, DESSALES, FLOQUET, A. GRÜN, HAHN, LAPEYRE, LUCAS-MONTIGNY, Fr. MICHEL, DE MOURCIN.

714. — Renseignements historiques pour servir à l'histoire de la vie et des ouvrages de Michel Montaigne. — In-4° (Manuscrit) :

1° Extrait de l'itinéraire des rois de France. — 2° Itinéraires partiels de Henri IV et du duc de Guise. — 3° Généalogies de Henri IV, des Turenne, des La Marck, des Guise, des Joyeuse. — 4° La domination anglaise en Guienne. — 5° Extraits de la franc-maçonnerie des femmes, par Charles MONSELET. — 6° Quelques libertés avant 1789, par DE FEUILLIDE (1er juin 1855). — 7° La Presse (30 juin 1856, art. de M. A. PEYRAT sur l'*Ancien régime et la Révolution,* par M. de Tocqueville. — 8° La Presse (16 décembre 1855; théâtres, par M. Paul DE SAINT-VICTOR). — 9° Histoire de Belgique. — *Louvain,* 1842 (p. 83-138). — 10° État et développement de la littérature en France au XVIe siècle (p. 7-18). — 11° Résumé de l'Histoire de France au XVIe siècle (p. 109-144). — 12° Les États de Blois (par M. VITET). — *Paris, Ponthieu,* 1827 (p. I-LXXXIX). — 13° Le Progrès (16 octobre 1860; — le duc des Moines, par M. Paul AVENEL. — 14° Extraits de catalogues divers. — 15° La Presse (27 et 31 janv., 19 févr. et 11 juill. 1857, art. de M. Isidore CAHEN sur *la Ligue et Henri IV,* par J. Michelet, et sur Henri IV et Richelieu, par le même, et sur l'*Histoire du règne de Henri IV,* par A. Poirson. — 16° La Presse (39 nov. 1851, art. de M. Eugène PELLETAN sur quinze ans du règne de Louis XIV, par Ernest Moret). — 17° La Presse (30 janv. 1854 et 30 juin 1855, art. de M. Paulin LIMAYRAC sur l'*Histoire des réfugiés protestants de France,* par Ch. Weiss, et sur *la Réforme,* par J. Michelet. — 18° La Presse (20 juin 1855, art. de M. MICHELET, intitulé : Avènement de la banque allemande à l'élection de Charles-Quint). — 19° Le Progrès (5 et 6 mars... Les miettes de l'Histoire, par M. A. VACQUERIE. — 20° Histoire du Parlement de Paris, c. XXXIX, p. 723-727.

715. — Rousseau (Jean-Jacques). — Projet d'éducation. — In-8°.

<small>A rapprocher du livre où M. Guizot apprécie les idées de Rabelais, de Montaigne, etc., sur ce sujet.
Note de M. PAYEN.</small>

716. — Sebon (Notes manuscrites relatives à Remon) :

1° Transcription d'extraits de la Bibliotheca Hispana vetus... auctore D. Nicolao Antonio HISPALENSI, i. c., curante Francisco PEREZIO BAYERO, tom. II ab anno M. ad M D. — *Matriti,* 1787. — 2° Titres d'ouvrages empruntés au règne végétal, recueillis par M. PAYEN pour justifier celui de *La Violette de l'âme* de Remon SEBON.

717. — Supplications de Nic. Charles DE MONTAIGNE à Nosseigneurs du Parlement de Bordeaux pour faire maintenir en sa faveur la substitution de la maison et seigneurie de Montaigne. — *Bordeaux*, vers 1749 (Manuscrit).

Transcription par M. Payen.

718. — Sponde (Le tombeau du feu sieur de).

Titre et frontispice de l'ouvrage intitulé : Response du feu sieur de Sponde... au traicté des marques de l'Église faict par Th. DE BÈZE. — *Bourdeaus, S. Millanges*, 1595. Au verso du frontispice est une pièce en prose de Mlle DE GOURNAY. Calque à la plume par M. PAYEN.

719. — Traductions (Notes sur les diverses) des Essais en langues étrangères. Jugements étrangers. Lettres de M. VARGA, de Vienne (Manuscrit).

720. — Un mot de réponse au très-érudit M. Gustave Brunet, de Bordeaux, au sujet de son article sur Remon Sebon.

Extrait du journal *le Quérard* (oct.-nov. 1855).
Quatre exemplaires.

721. — Vie (La) publique de Michel Montaigne, par Alphonse GRÜN. — *Paris, Amyot*, 1855, in-8°.

Exemplaire interfolié contenant de nombreuses annotations et corrections de M. PAYEN.

VIᵉ Section.

*Ouvrages se rapportant spécialement ou incidemment
à Montaigne, à ses parents et à ses amis.*

722. — Aigre (Henri). — Précis de l'histoire de la littérature en France, depuis les temps les plus reculés jusqu'à la Restauration. — *Paris, P. Dupont,* 1835, in-18.

723. — Aimé-Martin (Louis). — Étrennes à la jeunesse, recueils d'historiettes morales en vers et en prose. — *Paris, Demonville,* 1811, pet. in-12.

724. — Moralistes de la jeunesse, précédés de contes, historiettes... — *Paris, A. Jourdan,* 1811, pet. in-12.

725. — Le même... — *Paris, A. Jourdan,* 1823, pet. in-12.

726. — Notice sur les voyages de Michel de Montaigne en Italie par la Suisse et l'Allemagne, en 1580 et 1581. — In-8°. Pièce.

Tirage à part de la Notice insérée dans l'édition de Lefèvre, de 1818.

727. — Aléa (Léonard). — Antidote de l'athéisme ou Examen critique du Dictionnaire des athées anciens et modernes. — *Paris, 1800, in-8°.*

728. — Alfieri. — Vie de Victor Alfieri écrite par lui-même, et traduite de l'italien par M***. — *Paris, H. Nicolle, 1809, in-8°.*

Tome I.

729. — Ampère (J.-J.). — Histoire de la formation de la langue française pour servir de complément à l'Histoire littéraire de la France... Deuxième édition... — *Paris, Didier, 1869, in-8°.*

730. — Leçons faites au Collège de France sur Rabelais. Extraits relatifs à Montaigne. Notes manuscrites prises par M. Burgaud des Marets.

731-732. — Mélanges de littérature et de philosophie... — *Paris, 1809, 2 vol. in-8°.*

733. — Anselme (Le F.) — Le Palais de l'honneur contenant les généalogies historiques des illustres maisons de Lorraine et de Savoye, et de plusieurs nobles familles de France... — *Paris, P. Bessin, 1663, in-4°.*

734-740. — [Argens (J.-B. Boyer, mis d'), d'après Barbier]. — Mémoires secrets de la République des Lettres ou le Théâtre de la vérité, par l'auteur des Lettres juives. — *Amsterdam, Neaulme, 1744, 7 vol. pet. in-12.*

741-742 bis. — La philosophie du bon sens ou Réflexions philosophiques sur l'incertitude des connaissances humaines... — *La Haye, P. Paupie,* 1768, 3 vol. in-12.

743. — [Arnauld (Ant.) et P. Nicole]. — La logique ou l'art de penser, contenant, outre les règles communes, plusieurs observations nouvelles, propres à former le jugement. Seconde édition... — *Paris, Ch. Saureux,* 1664, in-12.

744. — Arpe (Pierre-Frédéric.) — Theatrum fati, sive notitia scriptorum de providentiâ... — *Roterodami, Fritsch et Bohm,* 1712, in-8°.

745-747. — Artaud. — Pensées de Montagne propres à former l'esprit et les mœurs. — *Paris, Anisson,* 1700, in-12.

Trois exemplaires.

748-749. — Pensées... Seconde édition... — *Amsterdam, H. Desbordes,* 1701, in-12.

Deux exemplaires.

750-751. — Pensées... — *Amsterdam, H. Desbordes,* 1703, in-12.

Deux exemplaires.

752-753. — Pensées... — *Paris, imprimerie bibliographique,* 1805, in-12.

Deux exemplaires; dont le second est suivi de l'Éloge de Montaigne, par Mme Bourdic-Viot.

754. — An abstract of the most curious and eccellent thoughts in seigneur de Montaigne's Essays... — *London, for Smith*, 1701, in-12.

Traduction anonyme de l'ouvrage d'Artaud.

755-756. — Audierne (M. l'abbé). — L'Estat de l'Église du Périgord depuis le Christianisme, par le R. P. Dupuy, récolet, annoté par M. l'abbé Audierne. — *Périgueux, Bayle*, 1841, 2 vol. in-4°.

757-758. — Le Périgord illustré, guide monumental... — *Périgueux, Dupont*, 1851, in-8°.

Deux exemplaires.

759. — Ban et arrière-ban de la sénéchaussée de Périgord en 1557. — *Périgueux, Dupont*, 1857, in-8°.

760. — Auger-Saint-Hippolyte. — Essai historique sur la république de San-Marino. — *Paris, Delaforest*, 1827, in-8°.

761. — Authomne (Feu Bernard). — Commentaire sur les Coustumes générales de la ville de Bourdeaux. — *Bourdeaux, Pierre du Coq*, 1666, in-4°.

762. — Balainvilliers (Le baron de). — Montaigne aux Champs-Élysées, dialogues en vers, et les Soirées de campagne, contes en vers. — *Paris, Delaunay*, 1823, in-8°.

763. — Œuvres diverses... précédées d'une notice sur l'auteur. — *Paris, Proux*, 1837, in-8°.

764. — BALZAC (Le s^r de). — Socrate chrestien... et autres œuvres du mesme autheur. — *Paris, Aug. Courbé*, 1652, in-8°.

765. — Les entretiens de feu M. DE BALZAC. — *Rouen et Paris, Aug. Courbé*, 1659, in-12.

766. — BARBOT DE LA TRÉSORIÈRE (Marc-André). — Annales historiques des anciennes provinces d'Aunis, Saintonge, Poitou, Angoumois, Périgord, Marche, Limousin et Guienne... — *Paris, E. Allard*, 1858, in-4°.

767. — BARCKDAT (Clément.) — Doctorum virorum elogia Thuanea, operâ C. B. — *Londini, Spencer*, 1671, in-8°.

768. — BAUDII (Dominici). — Poematum nova editio... — *Lugduni Batavorum, Th. Basson*, 1607, in-8°.

769. — Poemata. Nova editio et prioribus auctior. — *Amstelodami, J. Janssonius*, 1640, in-8°.

770-776. — BAUREIN (L'abbé). — Variétés Bordeloises ou Essai historique et critique sur la topographie ancienne et moderne du diocèse de Bordeaux. — *Bordeaux, Labottière*, 1784, 6 vol. in-12.

Deux exemplaires du tome I.

777-778. — BAYLE-SAINT-JOHN. — Montaigne the essayist, a biography... — *London, Chapman and Hall*, 1858, 2 vol. in-8°.

779. — Beattie (William). — Les Vallées vaudoises pittoresques... — Londres, 1837, in-4°.

780-781. — Beaufilz (Le P. Guillaume). — La vie de la vénérable mère Jeanne de Lestonac, fondatrice de l'ordre des religieuses de Notre-Dame. — Toulouse, Pierre Robert, 1742, in-12.

Deux exemplaires.

782. — [Bellegarde (L'abbé de), d'après Barbier]. — Le Sublime des auteurs ou Pensées choisies rédigées par matières suivant l'ordre alphabétique... — Paris, J. et M. Guignard, 1705, in-8°.

783-785. — Bérenger (Guillaume). — Response à plusieurs injures et railleries écrites contre Michel, seigneur de Montagne, dans un livre intitulé : La Logique ou l'Art de penser, avec un beau traité de l'éducation des enfants et cinq cents excellents passages tirés du livre des Essais, pour montrer le mérite de cet autheur. — Rouen, L. Maurry, 1667, in-12.

Trois exemplaires.

786. — Bernadau. — Antiquités Bordelaises ou Tableau historique de la ville de Bordeaux et du département de la Gironde... — Bordeaux, Moreau, 1797, in-8°.

787-788. — Histoire de Bordeaux, depuis l'année 1675 jusqu'à 1836... — Bordeaux, Balarac jeune, 1837, 2 vol. in-8°.

789-790. — Histoire de Bordeaux... — *Bordeaux, Castillon,* 1839, in-8°.

Deux exemplaires.

791. — Tableau de Bordeaux ou Description historique et pittoresque des choses remarquables en tout genre que renferme cette ville... — *Bordeaux, A. Brossier,* 1810, in-12.

792-793. — Le Viographe Bordelais ou Revue historique des monuments de Bordeaux... — *Bordeaux, Gazay,* 1844, in-8°.

Deux exemplaires.

794-799. — BERNARD (Jacques). — Nouvelles de la République des Lettres. — *Amsterdam, Henri Desbordes,* 6 vol. in-12.

Janvier-Juillet 1701. Deux exemplaires. — Juillet-Décembre 1704. — Septembre-Décembre 1704. — *Amsterdam, David Mortier.* — Mai-Septembre 1706. — *Amsterdam, David Mortier.*

800-801. — BERTIN. — Curiosités de la littérature, traduit de l'anglais par BERTIN. — *Paris, J. Charles,* 1809, 2 vol. in-8°.

802. — BETHAM (Matilda). — A biographical dictionary of the celebrated women... — *London, Crosby,* 1804, in-8°.

803. — [BÉTHUNE (le P. Dominique de), ou Pons Aug. ALLETZ, d'après Barbier]. — Encyclopédie de

pensées, de maximes et de réflexions sur toutes sortes de sujets... — *Paris, Guillyn,* 1761, in-8°.

804. — BIGAULT D'HARCOURT (M. de). — De la manière d'enseigner les humanités d'après les autorités les plus graves... — *Paris, H. Grand,* 1819, in-8°.

805. — BIGORIE DE LASCHAMPS. — Michel de Montaigne... — *Paris, A. Vaton,* 1855, in-18.

806. — Michel de Montaigne... Deuxième édition. — *Paris, F. Didot,* 1860, in-18.

807. — BILLET. — Étude sur Montaigne, suivie de quelques réflexions sur notre époque... — *Arras,* 1859, in-8°. Pièce.

Extrait du tome XXXI des *Mémoires de l'Académie d'Arras.*

808. — BIMBENET (Eugène). — Les Essais de Montaigne dans leurs rapports avec la législation moderne... — *Orléans, Herluison,* 1864, in-8°.

809. — BLANC (Louis). — Histoire de la Révolution française... — *Paris, Langlois et Leclerc,* 1847, in-8°.

Tome I.

810. — BOINVILLIERS. — Code moral ou choix de sentences et de proverbes grecs, latins, français, anglais... tirés des meilleurs auteurs... — *Paris, A. Eymery,* 1825, in-12.

811. — [BOISSELLE (de), d'après Barbier]. — Recherches historiques, curieuses et remarquables, tirées d'un grand nombre d'historiens. — *Paris, Ant. Deshayes*, 1723, in-12.

812. — BOUHOURS (le Père). — La manière de bien penser dans les ouvrages d'esprit, dialogues. Seconde édition. — *Paris, Veuve Sébastien Mabre,* 1688, petit in-12.

813. — Pensées ingénieuses des anciens et des modernes. Nouvelle édition. — *Paris, Veuve Delaulne,* 1737, in-12.

814. — BORDELON (l'Abbé). — Dialogues des vivants. — *Paris, P. Prault,* 1717, in-12.

815. — BORDIER (Henri) et Édouard CHARTON. — Histoire de France... — *Paris*, 1858, in-8°.

Pages 153-305.

816. — Histoire de France... — 9 livraisons dépareillées.

817. — BOUCHET. — Sérées de Guillaume BOUCHET, juge et consul des marchands à Poictiers. — *Rouen, Louys et Daniel Loudet,* 1635, in-8°.

818. — BOUGEANT (le P.). — Amusement philosophique sur le langage des bestes. — *Paris, Gissey,* 1739, in-8°.

819. — Bouhier (M. le Président). — Mémoires sur la vie et les ouvrages de Montaigne.

L'ouvrage dans lequel sont insérés ces Mémoires (p. 126-149) porte pour titre : Éloges de quelques auteurs françois. — *Dijon, Marteret,* 1742, in-8º.

820. — Mémoires pour servir aux Essais de Michel, seigneur de Montagne... Seconde édition. — *Londres, Guillaumes Darres,* 1741, in-4º.

821-823. — Bourdic-Viot (Henriette). — Éloge de Montaigne. — *Paris, Ch. Pougens,* an VIII, in-18.

Trois exemplaires.

824. — Bourseul (E.-Ch.). — Les statues du Louvre. — *Paris, Garnier,* 1858, in-16.

825-826. — Brantôme (P. de Bourdeille, seigneur de). — Œuvres... — *Paris, J.-F. Bastien,* 1787, in-8º.

Tomes VI et VII.

827. — Brézetz (Eugène de). — Essais historiques sur le Parlement de Bordeaux. — *Bordeaux,* 1856, in-8º.

A la suite : 1º Dissertations sur quelques points curieux de l'Histoire de France, par Paul L. Jacob, bibliophile. — *Paris, Techener,* 1842, in-8º. — 2º Mémoire sur les registres du Parlement de Paris sous Henri II, par A. Taillandier. — *Paris, Duverger,* 1842, in-8º.

828. — BRIQUET (Mme Fortunée B.). — Dictionnaire historique, littéraire et bibliographique des françaises et des étrangères naturalisées en France... — *Paris, Gillé,* 1804, in-8°.

829. — BRUC. — Collier, Colleridge and Shakespeare a review. — *London,* 1860, in-8°.

A la fin du volume, M. Payen a placé une traduction manuscrite du chapitre relatif aux Essais.

830. — BRUCKER (Jacob). — Erste unfangsgründe der philosophischen geschichte... [Premiers fondements de l'histoire philosophique publiée par Jacob BRUCKER, comme extrait de son grand ouvrage.] Deuxième édition. — *Ulm, D. Bartholomaï et fils,* 1751, petit in-8°.

831. — Jacob BRUCKERS auszug aus den kurken fragen... [Extrait des courtes questions relatives à l'histoire de la philosophie, depuis le commencement du monde jusqu'à notre époque, par Jacob BRUCKER, à l'usage des commençants.] — *Ulm, D. Bartholomaï et fils,* 1736, in-12.

832-834. — Jacob BRUCKERS kurke fragen aus der philosophischen geschichte... [Courtes questions relatives à l'histoire de la philosophie, depuis le commencement du monde jusqu'à la naissance du Christ, avec des remarques explicatives détaillées, par Jacob BRUCKER...] — *Ulm, D. Bartholomaï et fils,* 1731- 1732, 3 vol. in-12.

835. — Brunet (Gustave). — Discours prononcé en séance publique le 2 Décembre 1847.

Actes de l'*Académie royale des sciences, belles-lettres et arts de Bordeaux*. — Quatrième trimestre, 1874.

836-837. — Les Essais de Michel de Montaigne. Leçons inédites, recueillies par un membre de l'Académie de Bordeaux. — *Paris, Techener,* 1844, in-8°.

Deux exemplaires.

838. — Notice... (Exemplaire suivi de : Deux lettres inédites de Mlle de Gournay et de Pierre de Brach; et du Discours prononcé le 5 Décembre 1845, par M. Ambroise-Firmin Didot.)

839-840. — Notice sur une édition inconnue du Pantagruel et sur le texte primitif de Rabelais. — *Paris, Julien et Techener,* 1844, in-8°.

Deux exemplaires.

841. — Brunet (Jacques-Charles). — Recherches bibliographiques et critiques sur les éditions originales des cinq livres du roman satirique de Rabelais. — *Paris, Potier,* 1852, in-8°.

A la suite : 1° François Rabelais, par M. Delécluze. — Paris, Fournier, 1841, in-8°. — 2° Notice sur Rabelais par M. Rathery. (Extraite de l'édition Didot.) — 3° Notice sur une édition inconnue du Pantagruel et sur le texte primitif de Rabelais, par Gustave Brunet. — *Paris, Julien et Techener,* 1844, in-8°.

842. — Buchon. — Notices littéraires. — *Paris, Didot*, 1838, in-4°.

843. — Burguet, de Bazas (Catalogue des livres anciens et modernes de la Bibliothèque de M. Charles). — *Paris, Claudin*, 1869, in-8°.

844. — Caillière (M. de). — Histoire du maréchal de Matignon, gouverneur et lieutenant général pour le Roy en Guienne... — *Paris, Aug. Courbé*, 1661, in-fol.

845. — [Cajot (Don Joseph), d'après Barbier]. — Les plagiats de M. J.-J. Rousseau, de Genève, sur l'éducation. — *La Haye et Paris, Durand*, 1766, in-8°.

846. — Cartaud de la Vilate. — Essai historique et philosophique sur le goût. — *Paris, de Maudouyt*, 1736, in-8°.

847. — Castellane (Catalogue des principaux livres... de Mme la comtesse de)... — *Paris, Chimot*, 1847, in-8°.

848. — Catalan (Etienne). — Etudes sur Montaigne. Analyse de sa philosophie. — *Paris, Mellier frères*, 1846, in-18.

849. — Manuel des honnêtes gens, philosophie pratique de Montaigne. — *Paris, Renoüard et Douniol*, 1853, in-12.

850. — CATS (Jacob). — Sinne en minne beelden... Emblêmes touchants les amours et les mœurs. — Sinne beelden... Emblêmes traduits des jeux d'amours, ou règlement des mœurs. — Sinne beelden... — Emblêmes des vanités amoureuses, traduits aux méditations chrestiennes. — Jacobi CATZII... officium puellarum in castis amoribus emblemate expressum. — *Amsterodami, ex off. typ. Guil. Janssonii,* 1619, in-4°.

Texte flamand, latin et français.

851. — CAURRES (Jean des). — Œuvres morales et diversifiées en histoires pleines de beaux exemples... — *Paris, Guillaume Chaudière,* 1584, in-8°.

852. — CHARPENTIER DE SAINT-PREST. — Tableau historique de la littérature française aux xve et xvie siècles. — *Paris, Veuve Maire-Nyon,* 1835, in-8°.

853. — CHASLES (Philarète). — Tableau de la marche et des progrès de la langue et de la littérature françaises, depuis le commencement du xvie siècle jusqu'en 1610. — *Paris, F. Didot,* 1828, in-4°.

854-857. — [CHASSAGNON]. — Cataractes de l'imagination, déluge de la scribomanie, vomissement littéraire, hémorrhagie encyclopédique, monstre des monstres par Epiménide l'inspiré... — Dans l'antre de Trophonius, au pays des visions, 1779, 4 vol. in-12.

858. — Chatelain. — Pastiches ou imitations libres du style de quelques écrivains des XVIIe et XVIIIe siècles... — *Paris, J. Cherbuliez,* 1855, in-8°.

859. — [Chaumarès, d'après Quérard]. — Appel à Michel Montagne, suivi de Voltaire aux Champs-Élisées. — *Paris, Imp. de la Gazette de France nationale,* 1793, in-8°. Pièce.

860-861. — Chauffour-Kestner (V.). — Etudes sur les réformateurs du XVIe siècle. — *Paris, Ch. Hingray,* 1853, 2 vol. in-12.

862. — Church (the Revd. R. W.). — The essays of Montaigne, in-8°. — Extrait de : Oxford Essays, contributed by members of the University. — *London, J.-W. Parker and son,* 1857.

863. — Claretie (Jules). — La libre parole, avec une lettre à M. le Ministre de l'Instruction publique. — *Paris,* 1868, in-12.

864. — Clément (Pierre). — Montaigne, homme public. Article de la Revue contemporaine, 31 août 1855, in-8°.

865-867. — Clergyman. — Laconics or the best words of the best authors. — *London, for T. Boys,* 1826, 3 vol. in-12.

868. — Colomiès. — La bibliothèque choisie... Nouvelle édition, augmentée des notes de MM. Bour-

DELOT, DE LA MONNAYE et autres, avec quelques opuscules du même COLOMIÈS qui n'avaient point été recueillies. — *Paris, G. Martin, 1731, in-8°.*

869. — COTON (Le R. P.). — Lettre déclaratoire de la doctrine des Jésuites... — *Paris, Claude Chappelet, 1610, in-12.*

870-871. — [COUPÉ (l'Abbé), d'après Barbier]. — Les Soirées littéraires ou Mélanges... — *Paris, Honnert, 1796, 4 tomes en 2 vol. in-8°.*

Tomes V, VI, IX et X.

872. — COURBOUZON (Louis de MONTGOMMERY, sieur de). — Le fléau d'Aristogiton ou contre le calomniateur des PP. Jésuites sous le titre d'Anticoton. — *Paris, 1610, in-12.*

A la suite : Le remerciement des beurrières de Paris au sieur de Courbouzon Montgommery. — *Niort, 1610.*

873. — COURSANT (de). — La bibliothèque des auteurs. — *Paris, Guillaume de Luyne, 1697, in-8°.*

874. — CRAUFURD. — Essais sur la littérature française. — *Paris, Michaud, 1815, in-8°.*

Tome I.

875. — CRÉPET (Eugène). — Le trésor épistolaire de la France, choix des lettres les plus remarquables au point de vue littéraire. Première série. Du XVIe au XVIIIe siècle. — *Paris, Hachette, 1864, in-8°.*

876. — Cuvillier-Fleury. — Du César de Montaigne. — Bulletin du bibliophile. — Mars 1856. — *Paris, Techener.*

A la suite : Le tirage à part et les documents inédits sur Montaigne, par le Dr Payen, n° 3. — *Paris, Jannet,* 1855, in-8°.

877. — Demogeot (Jacques). — Tableau de la littérature française au xviie siècle avant Corneille et Descartes... — *Paris, Hachette,* 1859, in-8°.

878. — Histoire de la littérature française depuis ses origines jusqu'à nos jours... Dixième édition. — *Paris, Hachette,* 1869, in-18.

879. — [Desmolets (le P.) et l'Abbé C. P. Goujet, d'après Barbier]. — Continuation des mémoires de littérature et d'histoire. — *Paris, Simart,* 1728, in-12.

Tome V, part. II.

880. — Dessaigne (Sœur). — Éloge de l'Institut des religieuses filles de Notre-Dame. — *Limoges, Léonard Babou,* 1788, in-8°.

881. — Detcheverry. — Histoire des Israélites à Bordeaux... — *Bordeaux, Balarac jeune,* 1850, in-8°.

882. — Devienne (Dom). — Histoire de la Ville de Bordeaux. Première partie. — *Bordeaux et Paris,* 1771, in-4°.

M. Payen a joint à cet exemplaire un prospectus publié en 1770 et un plan en perspective de la Ville de Bordeaux.

883. — Histoire... Première partie.

Exemplaire incomplet.

884-886. — Éloge historique de Michel de Montaigne et dissertation sur sa religion. — *Paris, Crapart,* 1775, in-8°.

Trois exemplaires. Le premier est précédé de la copie d'une lettre de RIBALLIER, relative à cette dissertation.

887. — Éloge historique...

A la suite : Le christianisme de Montaigne par M. L. (LABOUDERIE). — *Paris, Demonville,* 1819, in-8°.

888. — DEZEIMERIS (Reinhold). — Notice sur Pierre de Brach, poète bordelais du XVIe siècle... — *Paris, Aubry,* 1858, in-8°.

889. — Recherches sur l'auteur des épitaphes de Montaigne, lettres à M. le Dr J.-F. Payen. — *Paris, Aug. Aubry,* 1861, in-8°.

Exemplaire en papier de couleur.

890. — Recherches sur l'auteur des épitaphes... — *Bordeaux, Gounouilhou,* 1861, in-8°.

Exemplaire en papier de Hollande.

891-892. — Recherches sur la recension du texte posthume des Essais de Montaigne. — *Bordeaux, Gounouilhou,* 1866, in-8°.

Deux exemplaires.

893-894. — De la renaissance des lettres à Bordeaux, au XVIᵉ siècle... — *Bordeaux, Gounouilhou,* 1864, in-8°.

Deux exemplaires.

895. — Rapport sur le concours de poésie de 1865. — *Bordeaux, Gounouilhou,* 1866, in-8°. Pièce.

896. — Remarques et corrections d'Estienne de La Boëtie sur le traité de Plutarque intitulé : Ἐρωτικός... — *Paris, Aug. Aubry, et Bordeaux, Chaumas,* 1867, in-8°.

897. — (DIDEROT). — Lettre sur les sourds-muets à l'usage de ceux qui entendent et qui parlent, adressée à M***. — (s. l.), 1751, in-16.

898. — DIDOT (Firmin). — Catalogue des livres provenant du cabinet de M. F. D. — *Paris, De Bure,* 1808, in-8°.

899-900. — DROZ (Joseph). — Éloge de Montaigne... — *Paris, Firmin Didot,* 1812, in-8°. Pièce.

Deux exemplaires.

901. — Essai sur l'art d'être heureux... — *Paris, Renouard,* 1828, in-18.

A la suite se trouve l'Éloge de Montaigne.

902. — DUBOIS (Frédéric). — Recherches historiques et médicales sur les incidents du meurtre de

Jules César... — *Paris, J.-B. Baillière*, 1868, in-8°. Pièce.

903. — Du Bruillard-Coursan (Claude). — Bibliothèque contenant un amas curieux de sentences de morale... — *La Haye, P. Husson*, 1702, in-12.

904. — Ducourneau (Alexis). — Essai sur l'Histoire de Bordeaux. — *Bordeaux, Coudert*, 1844, in-4°.

905. — Du Deffand (La marquise). — Lettres à Horace Walpole... auxquelles sont jointes des lettres... à Voltaire... — *Paris, Ponthieu*, 1824, in-8°.

Tome 1.

906-908. — Du Laurens (l'Abbé). — Le Portefeuille d'un philosophe ou Mélange de pièces philosophiques, politiques... — *Cologne, P. Marteau*, 1770, 6 tomes en 3 vol. in-12.

909. — Dumesnil. — Voyageurs français en Italie depuis le seizième siècle jusqu'à nos jours... — *Paris, veuve J. Renouard*, 1865, in-12.

910. — Dumont (Léon). — La Morale de Montaigne... — *Paris, E. Thorin*, 1866, in-8°.

911. — Du Pelletier. — Hortus epitaphiorum selectorum ou Jardin d'épitaphes choisies... — *Paris, G. Meturas*, 1648, in-12.

912. — Hortus epitaphiorum selectorum... — *Paris, G. Meturas*, 1666, in-12.

913. — Du Prat (Marquis). — Glanes et regains récoltés dans les archives de la maison du Prat... — *Versailles, Beaujeune*, 1865, in-8°.

914. — Dupuy (Justin). — Éloge de M. le comte de Peyronnet, prononcé le 28 décembre 1855. — in-8°. Pièce.

<small>M. Payen a joint à cet Éloge le discours de réception de M. de Peyronnet à l'Académie de Bordeaux.</small>

915. — Dutens. — Éloge de Michel de Montaigne, discours... — *Paris, Firmin Didot*, 1818, in-8°. Pièce.

916-918. — Du Roure (Marquis). — Éloge de Montaigne, discours qui a obtenu une mention honorable au jugement de la deuxième classe de l'Institut, dans sa séance du 9 avril 1812. — *Paris, Fain*, 1812, in-8°.

<small>Trois exemplaires.</small>

919. — Réflexions sur le style original, par le marquis du Roure, président de la Société des bibliophiles français, pour l'année 1828. — *Paris, Didot*, in-8°.

920. — Edwards (Edward). — Libraries and founders of libraries. — *London, Trübner*, 1864, in-8°.

<small>Copie manuscrite.</small>

921. — Éloges de Montaigne (Recueil factice des),

par les auteurs qui ont pris part au Concours de 1812.
— In-8° :

1° Éloge de Montaigne, discours qui a remporté le prix d'éloquence... par M. Villemain... — *Paris, F. Didot*, 1812, in-8°. — 2° Éloge de Montaigne, discours qui a obtenu l'accessit... par M. Jay.— *Paris, Delaunay*, 1812, in-8°. — 3° Éloge de Michel de Montaigne, par Joseph Droz, discours qui a obtenu une médaille... — *Paris, F. Didot*, 1812, in-8°. — 4° Éloge de Michel de Montaigne, discours qui a obtenu une mention honorable... par M. J. Dutens... — *Paris, F. Didot*, 1818, in-8°. — 5° Montaigne. Discours qui a obtenu une mention dans le concours proposé par l'Académie (par M. Biot, de l'Institut). — *Paris, Michaud frères*, 1812, in-8°. — 6° Éloge de messire Michel, seigneur de Montaigne... par Joseph-Victor Leclerc. — *Paris, Aug. Delalain*, 1812, in-8°. — 7° Éloge de Michel de Montaigne, par Marie-J.-J.-Victorin Fabre. — *Paris, Maradan*, 1812, in-8°. — 8° Éloge de Montaigne, par Henriette Bourdic-Viot. — *Paris, Ch. Pougens*, an VIII, in-12. — 9° Éloge de Montaigne, par M. F.-A.-J. Mazure... — *Paris, Mame frères*, 1814, in-8°. — 10° Éloge de Michel de Montaigne, qui n'a pas concouru pour le prix de l'Institut, par M. Émile Vincens... — *Paris, Fantin*, 1812, in-8°.

922. — Éloges de Montaigne (Recueil factice des). — *Paris*, 1812, in-8°.

Éloges de Montaigne, par MM. Villemain, Joseph Droz,

Jay, Joseph-Victor Leclerc, Émile Vincens et deux anonymes (MM. Biot et du Roure).

923. — Éloges de Montaigne :

1° Éloge... par M. Villemain. — *Paris, Didot,* 1812, in-4°. — 2° Éloge... par M. Joseph Droz, *Paris, Didot,* 1812, in-4°. — 3° Extraits du Musée des familles et de The penny cyclopædia... — *London,* 1839, in-4°. — 4° Histoire de la Révolution française, par Louis Blanc (liv. I). — 5° Éloge de Montaigne, par l'abbé Talbert, couronné en 1772 par l'Académie de Bordeaux (Manuscrit in-fol.) — 6° Trois autres éloges, par des concurrents anonymes de l'abbé Talbert (manuscrit in-fol.).

924. — Éloges de Montaigne :

1° Éloge... par Henriette Bourdic-Viot. — *Paris, Pougens,* an VIII, in-12. — 2° Éloge historique de Michel de Montaigne et Dissertation sur sa religion, par dom Devienne... — *Paris, Crapart,* 1775, in-8°. — 3° Éloge... par M. l'abbé Talbert. — *Londres et Paris, Moutard,* 1775, in-8°. — 4° Éloge de Montaigne... (par le marquis du Roure). — *Paris, Fain,* 1812, in-8°.

925. — Éloge de Montaigne. Discours qui a obtenu une mention dans le concours proposé par l'Académie (par M. Biot). — *Paris, Michaud frères,* 1812, in-8°.

926-927. — Embry (Artus Thomas d'). — Tableaux

prophétiques prédisant la ruine de la monarchie turque et le rétablissement de l'empire grec, extraits littéralement de l'Histoire de Chalcondile, Athénien. — *Lyon et Paris,* 1620, in-12 (réimpression de 1821).

Deux exemplaires.

928. — ÉMERSON (Ralph Waldo). — Representative men, seven lectures. — *London, G. Routledge,* 1850, in-8°.

929. — Representative men. — *Leipzig, Dürr,* 1856, in-8°.

Dürr's collection of Standard american authors, edited by William E. Drugulin, vol. XXII.

930. — Les représentants de l'humanité. Traduction de l'anglais, par Pierre DE BOULOGNE. — *Paris, A. Lacroix,* 1863, in-8°.

931. — Les représentants de l'humanité. Montaigne (traduction de A. HÉDOUIN). — *La Revue de Paris,* 1er septembre 1856, in-8°.

932-933. — FABRE (Marie-J.-J.-Victorin). — Éloge de Michel de Montaigne. — *Paris, Maradan,* 1812, in-8°.

Deux exemplaires.

934. — FABRICII (Jo.-Alberti)... delectus argumentorum et syllabus scriptorum qui veritatem religionis christianæ adversus athæos, epicureos... asseruerunt...— *Hamburgi, Th.-Ch. Felginer,* 1725, in-4°.

935. — Ferri. — Les Portraits ou Caractères et mœurs du xviiie siècle, suivis de maximes et de pensées diverses sur les passions, les vertus et les vices... — *Paris, Cailleau*, 1781, in-12.

936. — Feugère (Léon). — Étienne de La Boëtie, ami de Montaigne; étude sur sa vie et ses œuvres. — *Paris, J. Labitte*, 1845, in-8°.

Lettre autographe de M. Gustave Brunet. Compte-rendu de l'ouvrage par M. Marguerin.

937. — Mademoiselle de Gournay. Étude sur sa vie et ses ouvrages. — *Paris, Dupont*, 1853, in-8°.

938. — Etude sur Scevole de Sainte-Marthe. — *Paris, J. Delalain*, 1854, in-12.

939-940. — Caractères et portraits littéraires du xvie siècle... — *Paris, Didier*, 1859, 2 vol. in-8°.

941. — Les femmes poëtes au xvie siècle. Étude suivie de : Mademoiselle de Gournay. — Honoré d'Urfé... — *Paris, Didier*, 1860, in-8°.

942. — Feuillet de Conches (Pièces relatives au procès intenté par la Bibliothèque nationale, en 1851, à M.) : — 1° Réponse à une incroyable attaque de la Bibliothèque nationale touchant une lettre de M. de Montaigne, par Feuillet de Conches. — *Paris, Laverdet*, 1851, in-8°. — 2° Réponse de la Bibliothèque nationale, par M. Naudet, administrateur général. — *Paris, Panckoucke*, 1851, in-8°.

(A la suite est la copie de la lettre adressée par M. Payen à M. Naudet, au sujet de ce procès.) — 3° Brouillon autographe de cette lettre et notes manuscrites. — 4° Comptes-rendus du procès dans divers journaux. — 5° Article de M. Claudius Tarral (Revue des Beaux-Arts, 15 avril 1851). — 6° Encore une lettre inédite de Montaigne, accompagnée d'une lettre à M. Jubinal... par Fr. Lepelle de Bois-Gallais. — *Londres, Barthès et Lowell*, 1850, in-8°.

943. — Feuillet de Conches (La Bibliothèque nationale contre M.). — Revendication d'une lettre autographe de Montaigne.

14 numéros de la Gazette des Tribunaux, le Droit, le Constitutionnel, le Moniteur universel, la Presse et l'Union, rendant compte des débats de ce procès. — 26 février, 20 août 1851.

944. — Fontaine. — Mémoires pour servir à l'histoire de Port-Royal... — *Cologne, aux dépens de la Compagnie*, 1738, in-12.

945. — Fontenelle (M. de). — Nouveaux dialogues des morts. — *Paris, Brunet*, 1711, in-12.

Tome I.

946. — Fournier (Édouard). — Les gloires de la province à Paris : Montaigne (Revue des provinces). — *Paris*, 15 nov. 1864.

947. — Fréron. — Article sur l'éloge historique de Montaigne par Dom Devienne.

Transcription manuscrite par M. de Cayrol.

948-950. — FREYTAG (Frider Gotthilf). — Apparatus litterarius ubi libri partim antiqui, partim rari recensentur... — *Lipsiæ, ex off. Weidmanniana*, 1752-1755, 3 vol. in-8°.

951. — GAILLARD (Antoine). — La Carline, comédie pastorale de l'invention d'Ant. GAILLARD, sieur DE LA PORTENEILLE, avec quelques autres pièces du même autheur. — *Paris, Jean Corrozet*, 1626, in-8°.

A la suite : l'Astrée Bourdelaise.

952. — Œuvres... — *Paris, Jacques Dugast*, 1634, in-8°.

953. — GALLES. — Des opinions de Montaigne sur la magistrature et sur les lois. — *Orléans, E. Puget*, 1862, in-8°. Pièce.

Discours prononcé pour la rentrée de la Cour d'Orléans le 4 novembre 1862.

954-955. — GALY (E.) et L. LAPEYRE. — Montaigne chez lui. Visite de deux amis à son château ; lettre à M. le docteur J.-F. Payen. — *Périgueux, J. Bounet*, 1861, in-8°.

Deux exemplaires.

956-957. — GALY (E.). — Le fauteuil de Montaigne, suite à Montaigne chez lui... — *Périgueux, J. Bounet*, 1865, in-8°. Pièce.

Deux exemplaires.

958-959. — GARAT (Dominique-Joseph). — Mémoires historiques sur le XVIIIe siècle et sur M. Suard... — *Paris, Belin*, 1821, 2 vol. in-8°.

960. — GAUTIER (Louis). — Exposé du cours complet de jeux instructifs ou méthodes d'enseignements... — *Paris, chez l'Auteur* (s. d.), petit in-12.

961. — GELLE, jésuite (le P.). — Règles et constitutions des Religieuses de Nostre-Dame... par Madame de Lestonac, fondatrice de l'ordre. — *Bordeaux, J. de la Court* (1722).

962. — GENCE. — Notice sur la vie et les ouvrages de Montaigne. — In-8°.

Extrait de la *Biographie universelle* de F. Didot.

963. — GEOFFROY SAINT-HILAIRE. — Article sur les monstres. — In-8°. Pièce.

Extrait du *Dictionnaire classique d'Histoire naturelle de Rey*, t. XI, p. 107-190.

964. — GERGERÈS. — Histoire et description de la Bibliothèque publique de Bordeaux... — *Paris, Derache, et Bordeaux, Coderc*, 1864, in-8°.

965-966. — GOUJET (l'Abbé). — Bibliothèque française ou histoire de la littérature française... — *La Haye, Jean Neaulme*, 1740, 2 vol. in-12.

967. — GOURGUES (Vicomte Alexis DE). — Ré-

flexions sur la vie et le caractère de Montaigne...
Bordeaux, Chaumas-Gayet, 1855, in-8°.

Recueil des *Actes de l'Académie de Bordeaux*.

968. — Réflexions sur la vie et le caractère de Montaigne, publiées à l'occasion d'un manuscrit d'éphémérides de sa famille, conservé à Bordeaux par M. O. de La Rose.

Recueil des *Actes de l'Académie de Bordeaux*. — 3e trimestre 1855.

M. Payen a joint à la suite une série d'articles de M. RIBADIEU, insérés dans *la Guienne* (janv.-juillet 1856), et dans le *Chroniqueur du Périgord*, et des lettres autographes de M. DE CAZENAVE.

969. — Réflexions sur la vie... de Montaigne... — Bordeaux, Gounouilhou, 1856, in-8°.

Extrait du *Recueil des Actes de l'Académie*.
A la suite, M. Payen a joint : Documents inédits sur Montaigne... par le Dr J.-F. PAYEN. No 3. Éphémérides... — *Paris, P. Jannet*, 1855, in-8°.

970. — GRIMM (Baron DE) et DIDEROT. — Correspondance littéraire, philosophique, critique... — Paris, Buisson, 1812, in-8°.

Tome III.

971. — GRIVOT (Algard). — Études sur Montaigne. — L'*Université catholique*, mars-avril 1844.

972. — GROTIUS (Hugo). — Philosophorum

sententiæ de fato... — *Amsterodami, ap. Lud. Elzevirium*, 1648, in-12.

Dans le même volume : Epistola Renati Des Cartes, ad... D. Gisbertum Voetium. — *Amsterodami, ap. Lud. Elzevirium,* 1643.

973. — Gruget (Claude). — Les diverses leçons de Pierre Messie,... mises de castillan en françois par Cl. Gruget, Parisien... — *Tournon, Cl. Michel,* 1609, in-8°.

974. — Les diverses leçons de Pierre Messie... mises de castillan en françois... — *Rouen, J. Berthelin,* 1643, in-8°.

975. — Grun (Alphonse). — La vie publique de Montaigne... — *Paris, Amyot,* 1855, in-8°.

A la suite : Recherches sur Montaigne... par le Dr J.-F. Payen. N° 4. — *Paris, Techener,* 1856, in-8°.

976. — Dernières années de Montaigne, par M. A. Grun. — 8 p. in-8°.

A la suite : 1° Montaigne magistrat, par le même. — *Paris, Dubuisson,* 1854, in-8°. — 2° Journal des Économistes (juillet 1855). — *Paris, Guillaumin.* — 3° The north american review, octob. 1858. — *Boston.* — 4° Bibliothèques publiques, par M. A. Grun. — 5° Extrait de la *Bibliothèque de l'École des Chartes* (janvier 1856). — 6° Extraits de l'Illustration, la Presse, le Constitutionnel, le Mémorial bordelais, le Moniteur universel, le Courrier de la Gironde. — 7° Revue britannique (avril 1855). — 8° Bulletin du bibliophile (janv.-févr..1856). — 9° Article de The quarterly review (sept. 1856).— 10° Articles de M. Ma-

TAGRIN insérés dans le Périgord (21-29 janv. 1856). — 11º Recherches sur Montaigne... par le Dr J.-F. PAYEN. Nº 4. — *Paris, Techener*, 1856, in-8º.

977. — Une heure de solitude. Extraits d'une correspondance. — *Paris, Frey*, 1847, in-12.

978. — GUILLAUME (D^{lle} Jacquette). — Les dames illustres, où, par bonnes et fortes raisons, il se prouve que le sexe féminin surpasse en toute sorte de genres le sexe masculin. — *Paris, Th. Jolly*, 1665, in-12.

979. — GUIZOT (François). — Shakspeare et son temps. Étude littéraire. — *Paris, Didier*, 1852, in-8º.

980. — Méditations et études morales. Troisième édition. — *Paris, Didier*, 1855, in-12.

981. — GUIZOT (Guillaume). — Opinions de Montaigne sur les lois de son temps. — In-4º.

Revue des cours littéraires de la France et de l'Étranger, 1865-1866.

982. — GUYON (Loys) sieur de LA NAUCHE. — Les diverses leçons... suivants celles de Pierre Messie et du sieur de Vauprivaz. — *Lyon, Cl. Morillon*, 1610, in-8º.

983. — Les diverses leçons... suivant celles de Pierre Messie... — *Lyon, Abr. Cloquemin*, 1613, in-8º.

Tome II.

984. — Hazlitt (William). — The works of Montaigne... the present edition will present the only complete collection of the works of Montaigne that has hitherto appeared in an english dress... — *London, John Templeman*, 1841, in-8°.

Part. XI.

985. — The works of Montaigne... — *London, J. Templeman*, 1842, in-8°.

Part. XIV.

986. — Hémard (René). — Fragments inédits... publiés par Paul Pinson. — *Paris, Aug. Aubry*, 1868, in-8°. Pièce.

987. — [Hénault (Le président)]. — Nouvel abrégé chronologique de l'Histoire de France contenant les événements de notre histoire depuis Clovis jusqu'à la mort de Louis XIV... — *Paris, Prault père*, 1746, in-8°.

988. — Henneville (Collection d'). — Estampes et portraits. — *Paris*, 1858, in-8°.

989. — (Henri IV). — Copie d'une lettre escripte par le roy de Navarre surprinse au corrier à Pontallier à Montaigne, aux illustrissimes seigneurs de la république de Berne. — *Lyon*, 1589, in-12. Pièce.

Apocryphe.

990. — Huard. — Les Hipotiposes ou les Insti-

tions pirrhoniennes de Sextus Empiricus en trois livres, traduites du grec... — *Amsterdam, 1725*, in-12.

991. — Huetiana ou Pensées diverses de M. HUET, évesque d'Avranches.— *Paris, Jacques Estienne*, 1722, in-12.

992-993. — IRAILH (l'Abbé). — Querelles littéraires ou Mémoires pour servir à l'Histoire des révolutions de la république des lettres, depuis Homère jusqu'à nos jours. — *Paris, Durand*, 1761, 2 vol. in-12.

994-995. — JACQUINET. — Des Prédicateurs du XVIIe siècle avant Bossuet. — *Paris, Didier*, 1863, in-8°.

Deux exemplaires.

996.. — JAMES (le Dr Constantin). — Montaigne, ses voyages aux eaux minérales en 1580 et 1581. — *Paris*, 1589, in-8°.

A la suite est un article de M. Jules DELPIT [*Courrier de la Gironde,* 16 avril 1860].

997-998. — JAY. — Éloge de Montaigne, discours... — *Paris, Delaunay*, 1812, in-8°.

Deux exemplaires.

999. — Éloge de Montaigne... — p. 82-90.

A la suite : Galerie philosophique du XVIe siècle, par M. DE MAYER. — *Londres, Moutard*, 1783, in-8° [Extraits du t. II].

1000. — JEAN (M. l'abbé). — Articles sur Montaigne et les Essais. — *Périgueux, A. Boucharie*, 1854, in-4°.

Le *Chroniqueur du Périgord et du Limousin*... deuxième année.

1001. — JOHANNEAU (Éloi). — Collection des fiches manuscrites de JOHANNEAU pour la composition d'un Glossaire de la langue de Montaigne.

1002-1003. — JOLLY (Jules). — Histoire du mouvement intellectuel au XVIe siècle et pendant la première partie du XVIIe... — *Paris, Amyot*, 1860, 2 vol. in-8°.

1004-1005. — JORDAN (Charles-Étienne). — Recueil de littérature, de philosophie et d'histoire. — *Amsterdam, François L'Honoré*, 1730, in-12.

Deux exemplaires.

1006. — JOUANNET (François Vatar). — Sur le château de Montagne. — *Bordeaux*, in-8°.

Notice insérée dans le *Musée d'Aquitaine*, mars 1823.

1007. — Voyage de deux Anglais dans le Périgord, fait en 1825 et traduit sur leur journal manuscrit. — *Périgueux, Dupont*, 1826, in-12.

1008-1009. — JUBIN (M. J.-M.-N.). — Vies des fondatrices d'ordres religieux... depuis le IIIe siècle jusqu'à nos jours. — *Paris, Blaise*, 1829, 2 vol. pet. in-12.

1010. — JUBINAL (Achille). — Une lettre inédite de Montaigne, accompagnée de quelques recherches à son sujet. — *Paris, Didron*, 1850, in-8°.

1011. — Une lettre inédite... — *Paris, Didron*, 1850, in-8°.

A la suite : 1° Les Essais de M. de Montaigne. Leçons inédites recueillies par un membre de l'Académie de Bordeaux (Gustave BRUNET). — *Paris, Techener*, 1844, in-8°. — 2° Un article de M. NISARD sur les Lettres inédites de Michel Montaigne... publiées par M. Feuillet de Conches. — *Paris, Plon*, 1863 (*Moniteur*, 4 janvier 1864).

1012. — Une lettre inédite... — *Paris, Didron*, 1850, in-8°.

A la suite : 1° Observations du Conservatoire au Ministre de l'Instruction publique sur une brochure de M. Jubinal, avec une réponse de M. Paulin PARIS à ces observations. — *Paris, Panckoucke*, 1850, in-8°. — 2° Réponse de M. Achille JUBINAL aux observations du Conservatoire de la Bibliothèque nationale. — *Paris, Panckoucke*, 1850, in-8°.

1013-1014. — Une lettre inédite de Montaigne à Henri IV, accompagnée de quelques recherches à son sujet. Deuxième édition.— *Paris, Didron*, 1850, in-8°.

Deux exemplaires.

1015. — Une lettre inédite de Montaigne. Articles insérés dans « Le Voleur », 5 mars et 10 avril 1850.

1016. — KLEFEKERI (Joannis). — Bibliotheca eruditorum præcocium sive ad scripta hujus argumenti spicilegium et accessiones. — *Hamburgi, ap. Liebezeit*, 1717, in-8°.

1017. — KLEIBER (C.-C.-L.). — De Raimundi quem vocant de Sabunde vitâ et scriptis... — *Berolini, sumptibus librariæ Gebauerianæ*, 1856, in-4°. Pièce.

1018. — KORMART (Christophe). — Abrégé des Mémoires illustres contenant les plus remarquables affaires d'Estat, enrichi d'un sommaire des Essais de Montaigne. — *Dresden, Michel Gunther*, 1689, in-12.

Ouvrage sur lequel M. Payen a écrit une notice. Voy. plus haut, n° 684.

1019. — LABITTE (Charles). — De la Démocratie chez les prédicateurs de la Ligue. — *Paris, Joubert et Labitte*, 1841, in-8°.

1020-1021. — LABOUDERIE. — Le Christianisme de Montaigne... — *Paris, Demonville, Leclerc, Merlin*, 1819, in-8°.

Deux exemplaires. Le premier est celui de l'auteur, préparé et annoté pour une seconde édition. Le second est incomplet du titre et des pages 1-164.

1022. — LACHASSAIGNE (Testament de Guillaume DE), transcrit par M. Émile LALANNE. — In-4°. Pièce.

1023-1025. — [LA CHESNAYE DES BOIS (DE)]. — Dictionnaire généalogique, héraldique, chronologique et historique... par M. D. L. C. D. B. — *Paris, Duchesne*, 1757, 3 vol. in-8°.

1026. — LA DIXMERIE (DE). — Éloge analytique et historique de Michel de Montaigne, suivi de notes... — *Amsterdam et Paris, Valleyre*, 1781, in-8°.

1027-1028. — LADVOCAT (l'abbé). — Dictionnaire historique portatif... — *Paris, Didot*, 1760, 2 vol. in-12.

1029. — LA HARPE (Supplément au cours de littérature de) ou Choix de jugements des écrivains français sur les littérateurs anciens et modernes... — *Paris, Ét. Ledoux*, 1822, in-18.

1030. — LAJARRIETTE (Collection de). — Estampes, portraits. — *Paris*, 1861, in-8°.

1031. — LAMARTINIÈRE (DE). — Conseils pour former une bibliothèque peu nombreuse, mais choisie... suivie de l'Introduction générale à l'étude des sciences et belles lettres. — *Berlin, Haude et Spener*, 1756, in-12.

1032. — LAMBERT (Marquise DE). — Réflexions nouvelles sur les femmes, par une dame de la cour de France... — *Londres, J.-P. Coderc*, 1730, in-12.

1033. — LA MILTIÈRE (Lettre du sieur DE) au jeune Montbrun, trouvée parmi ses papiers le jour qu'il a été mis à la Bastille. — (s. l.), 1627, in-12. Pièce.

1034. — LA MONTAGNE (Pierre DE). — Discours prononcé dans la cérémonie de la translation des cendres de Michel Montaigne, le 1ᵉʳ vendémiaire an IX. — *Bordeaux, Moreau,* in-8°. Pièce.

1035. — LA MORLIÈRE (Abbé DE). — Mélange critique de littérature recueilli par M***. — *Amsterdam, P. Brunel,* 1701, in-8°.

1036-1039. — LAMOTHE frères. — Coutumes du ressort du Parlement de Guienne, avec un Commentaire pour l'intelligence du texte et les arrests rendus en interprétation par deux avocats au même Parlement... — *Bordeaux, Labottière frères,* 1768, 2 vol. in-8°.

Deux exemplaires.

1040. — LAMOTHE (Léonce DE). — Galerie des grands hommes de la ville de Bordeaux et du département de la Gironde.

Extraits du *Mémorial bordelais*, avril-mai 1855. — A la suite : Le Périgord et les Périgourdins, par F. MÉRILHOU. — Extrait de l'*Écho de Vésone*, 20 déc. 1856.

1041. — Notes pour servir à la biographie des hommes utiles ou célèbres de la ville de Bordeaux... — *Paris, Derache,* 1863, in-8°.

1042. — LA MOTHE-MESSEMÉ (Messire François le Poulche, seigneur DE). — Le Passe-temps... seconde édition... — *Paris, Jean Le Blanc,* 1597, in-8°.

1043. — LAMY (Catalogue des livres manuscrits et imprimés... du cabinet de M.). — *Paris, Renouard,* 1807, in-8°.

1044. — L'ANCRE (Pierre DE). — L'Incrédulité de mescréance du sortilège plainement convaincue... — *Paris, Nicolas Buon,* 1622, in-4°.

1045-1046. — LANDON (P.). — Choix de Biographie ancienne et moderne... — *Paris, C.-P. Landon,* 1810, 2 vol. in-12.

1047. — LAPAUME (J.). — Le Tombeau de Michel Montaigne, étude philologique et archéologique... — *Rennes, typ. d'Oberthur,* 1859, in-8°.

1048. — Le Tombeau de Michel Montaigne...

A la suite : 1° Deux Lettres autographes de l'auteur; 2° La *Gironde* (3 décembre 1859, art. de M. R. DEZEIMERIS; 13 avril 1860, art. de M. J. DELPIT); 3° *Journal de l'Instruction publique* (8 mai 1861, art. de M. LAPAUME sur les publications de M. Payen); 4° Souvenirs de la seizième année, par J. LAPAUME. — *Saint-Brieuc, Guyon,* 1858, in-8°.

1049. — Dante et la Divine comédie. Discours d'ouverture prononcé à la Faculté des lettres de Grenoble, le 27 nov. 1872... — *Grenoble, Prudhomme,* 1872, in-8°.

1050. — LAPEYRE. — Testament d'Estienne de La Boëtie, l'ami de Montaigne, publié pour la première fois. — *Périgueux, A. Boucharie,* 1854, in-8°. Pièce.

1051. — [LA PORTE (l'Abbé DE), et LA CROIX (J.-F. DE); d'après Barbier]. — Histoire littéraire des femmes françaises... — *Paris, Lacombe,* 1769, in-8°.

Tome I.

1052. — LAPRADE (Victor DE). — Le Doute de Montaigne.

Extrait de la Revue de Lyon, 1er déc. 1849.
Notes manuscrites de M. Payen.

1053. — LAURENTIE. — L'Esprit de Montaigne avec une préface et des notes. — *Paris, au bureau de la Bibliothèque choisie,* 1829, in-18.

1054. — LECLERC (Jean). — Bibliothèque ancienne et moderne, pour servir de suite aux Bibliothèques universelle et choisie... — *La Haye, Pierre Husson,* 1727, in-12.

Tome XXVII.

1055. — LECLERC (Joseph-Victor). — Éloge de Messire Michel, seigneur de Montaigne... suivi de la mort de Rotrou, poëme; la mort de Rotrou, chant lyrique; Brennus ou les destins de Rome, dithyrambe. — *Paris, Aug. Delalain,* 1812, in-8°.

1056. — LEFEUVE. — Histoire du Collège Rollin (ci-devant de Sainte-Barbe). — *Paris,* 1852, in-8°.

1057. — LÉGER (Pierre). — Vallée d'Angrogne.

A la suite : 1° La République de San-Marin. — 2° La vallée

de l'Ariége et la République d'Andorre, par M. Michel CHE-
VALIER. — 3° Éloge d'Oberlin, par H. MATHIEU. — *Épinal,
1832, in-8°.* — 4° Extraits de journaux, revues, guides, etc.

1058. — LEMESLE (Charles). — Misophilanthropopanutopies... — *Paris, Mme Charles Béchet, 1833,
in-12.*

1059. — Misophilanthropopanutopies, tablettes
d'un sceptique... précédées d'une introduction par
M. Tissot... — *Paris, Albert, 1845, in-8°.*

1060. — LEMOINE (J.-J.). — Discours qui a remporté le prix sur cette question proposée en 1808
par l'Académie des sciences, arts et belles-lettres de
Dijon : « La nation française mérite-t-elle le reproche de légèreté que lui font les nations étrangères? »
— *Paris, Giguet et Michaud, 1809, in-8°.*

1061-1062. — LEPELLE-DE BOIS-GALLAIS (François).
— Encore une lettre inédite de Montaigne, accom-
pagnée d'une lettre à M. Jubinal.... — *Londres,
Barthès et Lowell, 1850, in-8°.*

Deux exemplaires.

1063. — LEPETIT (Jules). — Quelques mots sur
le docteur J.-F. Payen, suivis d'un appendice don-
nant la nomenclature de ses travaux littéraires et
scientifiques et des ouvrages composant sa collection
relative à Montaigne. — *Paris, Chamerot, 1873, in-8°.*

1064. — LESCARBOT (Marc). — La chasse aux

Anglais en l'île de Rez et au siége de La Rochelle, et la réduction de ladite ville à l'obéissance du Roy... — *Paris, Fr. et J. Jacquin,* 1629, in-8°.

A la suite : La victoire du Roy contre les Anglois, par le même.

1065. — LIMIERS (M. DE). — Annales de la Monarchie françoise depuis son établissement jusques à présent... — *Amsterdam, L'Honoré et Chatelain,* 1724, in-fol.

1066. — LIPSII (Justi). — Epistolarum selectarum quinque centuriæ... — *Paris, R. Thierry,* 1602, in-12.

1067. — LIVET (Ch.-L.). — La grammaire française et les grammairiens du XVIe siècle... — *Paris, Didier et Aug. Durand,* 1859, in-8°.

1068. — LOT (Henri). — Essai sur l'authenticité et le caractère officiel des Olim... — *Paris, J. Gay,* 1863, in-12.

1069. — [LOUIS-PHILIPPE (le Roi)]. — Notice des peintures et des sculptures du palais de Versailles. — *Paris, Imp. de Crapelet,* 1837, in-8°.

1070-1071. — LUCHET (Marquis DE). — Analyse raisonnée de la sagesse de Charron... — *Amsterdam, Marc-Michel Rey,* 1763, 2 tom. en 1 vol. in-12.

Deux exemplaires.

1072. — LURBE (Gabriel DE). — Chronique Bourdeloise, composée cy-devant en latin... augmentée et traduite... continuée par Jean DARNAL... — *Bourdeaus, Simon Millanges,* 1619, in-4°.

1073. — Chronique Bourdeloise.....

Fragment comprenant la période de la vie de Montaigne.

1074. — De illustribus Aquitaniæ viris a Constantino magno usque ad nostra tempora libellus... — *Burdigala, ap. Simonem Millangium,* 1591, in-8°.

1075-1076. — MAGNE. — Conférences publiques de Périgueux. Études sur Montaigne... — *Périgueux, J. Bounet,* 1869, in-8°. — Pièce.

Deux exemplaires.

1077-1078. — MAIGROT (J.-B.). — Illustrations littéraires de la France... — *Paris, Lehuby,* 1837, 2 vol. in-12.

1079. — MALEBRANCHE (Nicolas). — De la recherche de la vérité... — *Paris, Michel David,* 1700, in-12.

Tome I.

1080-1082. — [MANGIN (l'Abbé), d'après Barbier]. — Éducation de Montaigne, ou l'art d'enseigner le latin à l'instar des mères latines. — *Paris, Didot,* 1818, in-8°.

Trois exemplaires.

1083-1086. — Manuel. — L'année françoise ou vies des hommes qui ont honoré la France... — *Paris, Nyon,* 1789, 4 vol. in-12.

1087. — Marchant (D' L.). — Esquisse historique d'une épidémie de fièvres intermittentes qui a régné à Cubzac (Gironde) en 1842-1843, suivie d'un relevé chronologique des épidémies qui ont sévi à Bordeaux durant plusieurs siècles. — *Bordeaux, H. Faye,* 1844, in-8°.

1088. — Maréchal (Sylvain). — Almanach des républicains pour servir à l'instruction publique... — *Paris,* 1793, petit in-12.

1089. — Dictionnaire des athées anciens et modernes. — *Bruxelles,* 1833, in-8°.

1090. — Projet d'une loi portant défense d'apprendre à lire aux femmes. — *Lille, Castiaux,* 1841, in-8°.

1091. — Mareschal (Jules). — De la mise en valeur des landes de Gascogne. — *Paris, Poussielgue,* 1853, in-8°.

1092. — Marseille et Bayonne. — *Paris, Bossange et Dentu,* 1856, in-8°.

1093. — [Marillac (Michel de), d'après Barbier]. — Relation de la descente des Anglois dans l'Isle de Ré; du siége mis par eux au fort ou citadelle de Saint-Martin. — *Paris, Edme Martin,* 1628, in-8°.

1094-1096. — MAROLLES (Michel DE), abbé de VILLELOIN. — Mémoires avec des notes historiques et critiques... — *Amsterdam, 1755, 3 vol. in-12.*

1097. — MAROT (Clément). — Confessions de Clément MAROT publiées et mises en français par l'auteur de l'Aventurier français (Robert LESUIRE). — *Paris, chez l'Auteur, 1798, in-18.*

Apocryphe.

1098. — MARSOLLIER. — Histoire de Henry de La Tour d'Auvergne, duc de Bouillon... — *Paris, François Barois, 1719, in-4°.*

1099-1100. — MARSY (Abbé DE). — Analyse raisonnée de Bayle ou abrégé méthodique de ses ouvrages... — *Londres, 1755, in-12.*

Tomes III et IV.

1101. — MARTIGNAC (Étienne ALGAY DE). — Entretiens sur les anciens auteurs... par Monsieur ***. — *Paris, 1697, in-12.*

1102. — [MASSAC (DE), d'après Barbier]. — Recueil d'instructions et d'amusements littéraires, par M. de M***. — *Amsterdam, 1785, in-12.*

1103. — MASSIAS (Baron). — Mouvement des idées dans les quatre derniers siècles ou coups de pinceaux historiques. — *Strasbourg, 1837, in-8°.*

1104. — MATAGRIN (Amédée). — La noblesse du

Périgord en 1789... — *Périgueux, A. Boucharie,* 1857, in-8°.

1105. — Notice sur H.-L.-J.-B. Bertin, précédée du testament de Jean Bertin, son père. — *Périgueux, A. Boucharie,* 1856, in-12. Pièce.

1106. — Mazure (J.-A.-F.). — Éloge de Montaigne... — *Angers, Aug. Mame,* 1814, in-8°.

1107. — [Méhégan (le chevalier de), d'après Barbier]. — Considérations sur les révolutions des arts, dédiées à monseigneur le duc d'Orléans, premier prince du sang. — *Paris, Brocas,* 1755, in-12.

1108. — Melchiorre Delfico. — Mémorie storiche della republica de San Marino... — *Milano, Franc. Sonzogno,* 1804, in-4°.

1109. — Ménage (Gilles). — Historia mulierum philosopharum. Accedit ejusdem commentarius italicus in VII sonettum Francisci Petrarcha a re non alienus. — *Lugduni, J. Posuel et Cl. Rigaud,* 1690, in-12.

1110. — Menagiana, sive excerpta ex ore Œgedii Menagii. — *Paris, Florentin,* 1693, in-12.

1111-1112. — Méry (C. de). — Histoire générale des proverbes, adages, sentences, apophthegmes... — *Paris, De Longchamps,* 1828, 2 vol. in-8°.

1113. — (Mevolhon, Nortode, J.-B. Cordier

et autres Angevins). — Calendrier du peuple franc, pour servir à l'instruction publique, rédigé par une société de philanthropes... 1793. — *Angers, Imp. de Jahyer et Geslin*, in-12.

1114. — MÉZIÈRES. — Histoire critique de la littérature anglaise depuis Bâcon jusqu'au commencement du XIXe siècle. — *Paris, Baudry*, 1834, in-12.

Tome II.

1115-1116. — MICHAULT. — Mélanges historiques et philosophiques... — *Paris, Tilliard*, 1770, 2 vol. in-12.

1117. — MOET (E.). — Des opinions et des jugements littéraires de Montaigne... — *Paris, Durand*, 1859, in-8°.

1118. — Des opinions et des jugements littéraires de Montaigne... — *Auch, Foix*, 1859, in-8°.

1119. — [MOLÉ (Le comte L.-M.)]. — Essais de morale et de politique... — *Paris, Nicolle*, 1806, in-8°.

1120-1121. — MOLLIEN (Mme), de Château-Thierry. — Apologie des dames, appuyée sur l'histoire, par M. de ***. — *Paris, Didot*, 1748, in-12.

Deux exemplaires.

1122-1124. — MONNARD (Charles). — Chrestomathie des prosateurs français du XIVᵉ au XVIᵉ siècle... — *Genève, Cherbuliez*, 3 vol. in-8°.

1125. — MONTAIGNE. — Pétition à l'Assemblée nationale, par Montaigne, Charron... — *Paris, Desenne*, 1791, in-8°.

Apocryphe.

1126. — MONTAIGNE (Michel). — Les Bucoliques de Virgile, traduites... suivies de poésies diverses. — *Paris, J. Brianchon*, 1825, in-12.

Ce Michel MONTAIGNE n'a de commun avec l'auteur des *Essais* que les nom et prénom.
Cette traduction est précédée de : Les Bucoliques de Virgile, traduites en vers français (par M. DE LANGEAC). — *Paris, Giguet et Michaud*, 1806, in-12.

1127. — MONTAIGNE (Recueil factice de diverses pièces relatives à la vie et aux écrits de Michel DE). — In-8° :

1° Notice sur la vie et les ouvrages de Montaigne (par J.-B.-M. GENCE), extraite de la *Biographie universelle*. — 2° Discours sur la vie et les ouvrages de Montaigne, par J.-V. LE CLERC (extrait de l'édition des Essais publiée par LE CLERC en 1826). — 3° Éloge analytique et historique de Michel Montagne, suivi de notes, d'observations sur le caractère de son style et le génie de notre langue, et d'un Dialogue entre Montagne, Bayle et J.-J. Rousseau, par M. DE LA DIXMERIE.— *Amsterdam et Paris, Valleyre l'aîné*, 1781, in-8°. — 4° Jugements et critiques sur les Essais de Montaigne : Éloge de Michel Montagne, qui a remporté le prix de l'éloquence à l'Académie de Bordeaux en 1774, par M. l'abbé TALBERT (Extrait du t. X de l'édition des Essais de *Genève et Paris, Volland*, 1793, in-12). — 5° Montaigne (Michel-Eyquem de), né le 15 février 1533, au château de Montaigne en Périgord, mort le 13 septembre 1592 (par M. de Peyronnet). — In-8°.

1128. — MONTAIGNE (Recueil factice de notices, extraits, discours relatifs à Michel DE). — In-4° :

1° Article du comte de LA PLATTIÈRE, extrait de la *Galerie universelle*. — 2° Notice de M. DE PEYRONNET sur Montaigne, extraite du *Plutarque français*. — 3° Appel à Michel Montagne des opinions superstitieuses du XVIII° siècle, 1791, in-4°. — 4° Extraits de l'*Histoire de Bordeaux*, par dom DEVIENNE, 1771, in-4°. — 5° Rapport sur le concours de 1812 (pour le prix d'éloquence) suivi de l'Éloge de Montaigne, par Joseph DROZ. — 6° Discours prononcés dans la séance de l'Académie française du 7 juillet 1825, pour la réception de M. Joseph Droz. — 7° *La Guienne historique et monumentale* (53° et 54° livr.). — 8° *Le Chroniqueur du Périgord et du Limousin* (août 1853). — 9° Extraits du *Magasin pittoresque*, du *Musée des familles*, du *Magasin universel*. — 10° Discours sur la vie et les œuvres de Jacq.-Aug. de Thou, par Phil. CHASLES. — *Paris, Didot*, 1824, in-4°. — 11° Le même Discours, par M. PATIN. — 12° Séance publique de l'Académie française, in-4°, 5 juillet 1849 (Compte-rendu *in extenso*).

1129. — Moreau (C.). — Bibliographie des mazarinades publiée par la Société de l'Histoire de France... — *Paris, J. Renouard*, 1850, in-8°.

Tome II.

1130. — (Moreau de Vormes). — Mémoire sur la constitution politique de la ville et cité de Périgueux... — *Paris, Quillau*, 1775, in-4°.

1131. — Motteley (Charles de). — Sur les éditions elzéviriennes.

Bulletin des Arts, 10 janvier et 10 mai 1847. — *Paris*, in-8°.

1132. — Mourcin (Charles de). — Notes grammaticales par un instituteur de village. — *Périgueux, Dupont*, 1842, in-8°. Pièce.

1133. — Moustalon. — La Morale des poëtes ou Pensées extraites des plus célèbres poëtes latins et français. — *Paris, Lebel et Guitelle*, 1809, in-12.

1134. — Musset (Paul de). — Mademoiselle de Gournay (La Politique nouvelle, revue hebdomadaire, 6 juillet 1851). — *Paris*, in-8°.

1135. — Muston (Alexis). — Histoire des Vaudois... — *Paris et Strasbourg, Levrault*, 1834, in-8°.

1136. — Naigeon. — Notes par feu Naigeon, de l'Institut de France, qui peuvent être jointes aux notes des tomes I et II de notre édition de Montaigne. — In-8°. Pièce.

Fragment du tome III de l'édition Amaury Duval.

1137. — Catalogue des livres très-bien conditionnés du cabinet de feu M. A. Naigeon... — *Paris, de Bure,* 1810, in-8°.

1138. — Naudæana et Patiniana ou Singularités remarquables, prises des conversations de MM. NAUDE et PATIN. — *Paris, Florentin et Pierre Delaulne,* 1701, in-12.

1139. — NAUDÉ (Gabriel). — La Bibliographie politique... — *Paris, Guill. Pelé,* 1642, in-12.

1140. — Jugement de tout ce qui a esté imprimé contre le cardinal Mazarin depuis le sixième janvier jusques à la déclaration du premier avril mil six cent quarante-neuf. — In-4°.

A la suite : La nouvelle courante, à la Reine. — *Rouen,* 1649, in-4°.

1141. — Science des princes ou Considérations politiques sur les coups d'État... avec les Réflexions historiques, morales, chrétiennes et politiques de Louis DU MAY... — *Strasbourg,* 1673, in-8°.

1142-1143. — NAUDET. — Réponse de la Bibliothèque nationale à M. Feuillet de Conches. — *Paris, Panckoucke,* 1851, in-8°.

Deux exemplaires.

1144. — NEUFCHATEAU (M. le comte François DE).
— Essai sur la langue française et particulièrement sur les Provinciales et sur les Pensées de Pascal, précédé d'une lettre à l'Académie française...
Paris, Crapelet, 1818, in-8°.

Tiré de l'édition des *Œuvres complètes de Pascal.*

1145. — Essai sur les meilleurs ouvrages écrits en prose dans la langue française et particulièrement sur les Provinciales de Pascal. — *Paris,* 1816, in-8°.

1146. — NICOLAS (M. l'Abbé), de Cagnes, témoin oculaire. — L'Extatique de Kaltern et les stigmatisées de Capriana et de Méran... — *Paris, Derache,* 1843, in-12.

1147-1148. — ODELCASCHI (sacra rituum congregatione eminentissimo reverendissimo domino cardinali) relatore. — Burdegalensis beatificationis et canonizationis servæ Dei Joannæ de Lestonac, fundatricis ordinis sanctimonialium filiarum B. Mariæ Virginis positio super introductione causæ.—*Romæ,* 1834, in-4°.

Deux exemplaires de la première Information.

1149. — ORLOFF (Comte). — Voyage dans une partie de la France... — *Paris, Bossange,* 1824, in-8°.

Tome I.

1150. — ORTIS (Jacopo). — Ultime lettere... — (s. l. n. d.), in 8°.

1151. — OXENSTIERN (Comte d'). — Pensées sur divers sujets... nouvelle édition, revue et corrigée... par M. D. L. M. — *La Haye, van Duren,* 1742, 2 tom. en 1 vol. in-12.

1152. — Pensées sur divers sujets... — *Paris,* 1762, 2 tom. en 1 vol. in-8°.

1153. — PARIS (Paulin). — Observations du Conservatoire (de la Bibliothèque nationale) au ministre de l'instruction publique, sur une brochure de M. Jubinal, avec une réponse... à ces observations. — *Paris, Panckoucke,* 1850, in-8°. Pièce.

1154. — Parison (Catalogue des livres... de feu M.). — *Paris, H. Labitte,* 1856, in-8°.

A la suite : 1° Fac-similé et texte d'un autographe de Montaigne sur un exemplaire des Commentaires de César, ayant appartenu à M. Parison. — 2° Documents inédits sur Montaigne... par le Dr J.-F. PAYEN. N° 3. — *Paris, Jannet,* 1855, in-8°. — 3° Catalogue des lettres autographes, manuscrits... de feu M. Parison. — *Paris, Laverdet,* 1856, in-8°. — 4° Journal des Débats (12 févr. 1856, art. de M. DE SACY sur la vente Parison) et (16 et 23 mars 1856, art. de M. CUVILLIER-FLEURY sur le César de Montaigne). — 5° Du César de Montaigne, par M. CUVILLIER-FLEURY. — *Téchener,* 1856, in-8°. — 6° Bulletin du Bibliophile, mars 1856 (contenant le même article).

1155. — PASCAL. — Épictète et Montaigne. — In-8°. Pièce.

Extrait des *Pensées.*

1156. — Pastiches de Montaigne. — In-4°.

1° Chronique Bordelaise. Installation de Montaigne, maire de Bordeaux (par M. GERGERÈS, — la Gironde, févr. 1834). — 2° Du jugement publicque, chapitre inédit de Montaigne, par Petrus BOREL. (L'Artiste, 9 janv. 1848). — 3° Ovide parlant à Tieste, lui montrant l'ordre qu'il doit tenir pour gouverner un état... — *Paris*, 1652, in-4°. — 4° L'Artiste. Les arts et les lettres. 31 août 1856. — 5° L'Artiste. Revue de Paris. Beaux-arts et belles-lettres. 21 sept. 1845. — 6° Extrait du Musée des Familles. — 7° Portrait d'un inconnu (de Montaigne, supposé par lui-même), manuscrit. — 8° Extrait des nouveaux dialogues des morts, par M. DE FONTENELLE. — *Paris, Brunet,* 1711, in-12. — 9° Séance publique annuelle (de l'Académie française) du 11 août 1836. — *Paris, Didot,* in-4°. — (Du courage civil ou L'Hôpital chez Montaigne, par M. Prosper FAUGÈRE).

1157. — PAYNE and FOSS. — 1837. Catalogue of printed books and manuscripts in various languages. — *London, W. Nicol,* in-8°.

1158. — PELLICER (D. Juan Antonio) Y SAFORCADA. — Essayo de una bibliotheca de traductores españoles... — *Madrid, A. de Sancha,* 1778, in-4°.

1159. — Perroniana, sive excerpta ex ore cardinalis PERRONII, per F. F. P. P. — *Genevæ, ap. Petr. Columesium,* 1669, in-12.

1160-1161. — (PESSELIER). — L'esprit de Montaigne ou les Maximes, pensées, jugements et réflexions de cet auteur, rédigés par ordre des matières. Nouvelle édition... — *Paris, Rozet*, 1767, 2 vol. in-12.

1162-1164. — L'esprit de Montaigne ou les Maximes... — *Londres*, 1783, 2 vol. in-12.

Deux exemplaires du tome II.

1165-1166. — PONÇOL (l'Abbé DE). — Code de la raison ou principes de morale pour servir à l'instruction publique, avec une notice des meilleurs écrivains moralistes, anciens et modernes..... — *Paris, Colas*, 1778, 2 vol. in-12.

1167. — POPE-BLOUNT (Thomas). — Censura celebriorum authorum sive tractatus in quo varia virorum doctorum... iudicia traduntur... — *Genevæ, ap. Samvelem de Tournes*, 1694, in-4°.

Ex libris de François de Neufchâteau.

1168. — PUISIEUX (Madame DE). — Les Caractères. — *Londres*, 1750, in-12.

1169. — QUÉRARD (LE). — Archives d'Histoire littéraire... — *Paris*, juillet 1856, in-8°.

1170. — QUÉTANT. — Recueil factice de plusieurs passages des auteurs latins et français sur l'amitié. — In-8°.

Extraits divers réunis par Quétant, pièces copiées ou annotées de sa main.

1171. — RADICATI (Albert), comte de PASSERAU. — Recueil de pièces curieuses sur les matières les plus intéressantes. — *Rotterdam, veuve Thomas Johnson*, 1736, in-8°.

1172. — RATHERY (E.-J.-B.). — Influence de l'Italie sur les Lettres françaises depuis le XIIIe siècle jusqu'au règne de Louis XIV... — *Paris, F. Didot*, 1853, in-8°.

1173. — RAVISII (Officinæ Joannis) TEXTORIS epitome... — *Lugduni, ap. Ant. Gryphium*, 1593, 2 tom. en 1 vol. in-8°.

1174-1175. — RAYNAL (L'abbé). — Anecdotes littéraires ou Histoire de ce qui est arrivé de plus singulier et de plus intéressant aux écrivains français depuis le renouvellement des lettres, sous François Ier, jusqu'à nos jours. Nouvelle édition augmentée. — *Paris, Durand*, 1752, in-8°.

Tomes I et III.

1176. — RÉAUME (Eugène). — Les prosateurs français du XVIe siècle... — *Paris, Didier*, 1869, in-8°.

1177-1179. — REIFFENBERG (Baron DE). — Annuaire de la Bibliothèque royale de Belgique. — *Bruxelles et Leipzig, Muquardt*, 3 vol. in-12.

Années 1842, 1849 et 1850.

1180. — REY. — Trésor de l'âme ou Recueil de pensées morales extraites des plus illustres philosophes... précédées d'une Notice biographique sur chacun d'eux... — *Paris, chez l'auteur*, 1830, in-12.

1181-1182. — RIBALLIER, [d'après Barbier]. — De l'éducation physique et morale des femmes, avec une Notice alphabétique de celles qui se sont distinguées dans les différentes carrières des sciences et des beaux-arts, ou par des talents et des actions mémorables. — *Bruxelles et Paris, les frères Estienne*, 1779, in-12.

Deux exemplaires.

1183. — RICHERAND (Baron). — Ambroise Paré... — In-8°. Pièce.

Sans titre.

1184. — RIGAULT (Nicolas). — Viri eximii Petri Puteani regi christianissimo a consiliis et bibliothecis vita... — *Lutetiæ, ex officinâ Cramosianâ*, 1652, in-4°.

1185. — RONSARD (Pierre DE). — Discours des misères de ce temps... — *Paris, N. Buon*, 1604, in-12.

1186. — SABATIER (L'abbé). — Considérations critiques pour servir à l'Histoire de l'ordre de Notre-Dame et à la vie de madame de Lestonnac, sa fondatrice... — *Bordeaux, Lavigne*, 1843, in-8°.

1187. — Nouvelles considérations critiques pour

servir à l'Histoire de l'ordre de Notre-Dame et à la vie de madame de Lestonnac, sa fondatrice. — *Bordeaux, Dupuy,* 1859, in-8°.

1188-1191. — SABATIER (L'abbé), de Castres. — Les Trois siècles de la littérature française ou Tableau de l'esprit de nos écrivains depuis François Ier jusqu'à nos jours, par ordre alphabétique... — *La Haye, Gosse Junior,* 1778, 4 vol. in-12.

1192. — Abrégé des Trois siècles de la littérature française... — *Paris, Painparré,* 1821, in-12.

1193. — SACY (LEMAISTRE DE). — Traité de l'Amitié... — *Paris, veuve de Claude Barbin,* 1704, in-12.

1194-1195. — SACY (Sylvestre DE). — Variétés littéraires, morales et historiques... — *Paris, Didier,* 1858, 2 vol. in-8°.

1196. — Lettres de Marie DE RABUTIN-CHANTAL, marquise DE SÉVIGNÉ, à sa fille et à ses amis. Édition revue... — *Paris, Techener,* 1864, in-16. Pièce.

Préface.

1197. — SAINT-ANGE (Louis DE). — Le secret de triompher des femmes et de les fixer, suivi... des Pensées de Montaigne, de La Bruyère... sur les femmes, le mariage et la société. — *Paris, Ponthieu,* 1825, petit in-12.

1198-1202. — SAINTE-BEUVE. — Port-Royal. —

Paris, Eug. Renduel et Hachette, 1840-1859, 5 vol. in-8°.

M. Payen a joint au tome I deux articles de M. de Chantelauze, extraits de la *Gazette de Lyon* (juin 1858); deux articles de M. Ernest RENAN, extraits du *Journal des Débats* (août 1860), et un de M. PEYRAT (*La Presse*, sept. 1860).

1203-1204. — Causeries du lundi... — *Paris, Garnier*; 1853, t. IV, et 1854, t. IX, 2 vol. in-12.

1205. — Nouveaux lundis... — *Paris, Michel Lévy*, 1864, in-12.

Tome II.

1206. — Tableau historique et critique de la poésie française et du Théâtre français au seizième siècle... — *Paris, A. Sautelet*, 1828, in-8°.

1207. — Montaigne en voyage.

Reproduction manuscrite, par M. REYMOND, d'articles publiés dans *le Constitutionnel* (mars 1862). A la suite : Extraits manuscrits d'articles publiés dans le journal de la *Dordogne*, par M. C. (5 avril 1862), et dans le *Siècle*, par M. Émile SOLIÉ (4 juin 1862).

1208. — SAINTE-MARTHE (Scévole DE). — Gallorum doctrinâ illustrium qui nostrâ patrumque memoriâ floruerunt elogia... — *Augustoriti Pictonum, ex offic. Jo. Blanceti*, 1602, in-8°.

1209. — Scævolæ SAMMARTHANI Gallorum doctrinâ illustrium... elogia... — *Lutetiæ, ap. Jacob Villery*, 1630, in-4°.

1210. — Opera tùm poetica, tùm ea quæ solutâ

oratione scripsit. — *Lutetiæ, ap. Petrum Durand,* 1616, in-8°.

1211. — Éloges des hommes illustres qui, depuis un siècle, ont fleury en France dans la profession des lettres... mis en français par G. COLLETET. — *Paris, Sommaville, Courbé et Langlois,* 1644, in-4°.

1212. — SAINT-ÉVREMOND. — La Comédie des Académistes pour la réformation de la langue française, pièce comique, avec le roole des présentations faites aux grands jours de ladite Académie. — Imprimé l'an de la réforme (1650), petit in-8°.

A la suite : Requeste présentée par les Dictionnaires à Messieurs de l'Académie pour la réformation de la langue française. — Imprimé l'an de la réforme, petit in-8°.

1213. — Les véritables œuvres de Monsieur DE SAINT-ÉVREMOND, publiées sur les manuscrits de l'auteur. Troisième édition. — *Londres, J. Tonson,* 1707, in-12.

Tome I.

1214. — Œuvres de Monsieur DE SAINT-ÉVREMOND, avec la vie de l'auteur, par Monsieur DES MAIZEAUX... — *Londres,* 1740, in-8°.

1215-1216. — SAINT-GEORGES (M. Marie DE) de Montmerci. — Recherches historiques sur l'office de maire de Bordeaux... — *Madrid,* 1785, in-8°.

Deux exemplaires.

1217. — SAINT-GERMAIN (Dr Bertrand DE). — Visite au château de Montaigne en Périgord. — *Paris, Techener*, 1850, in-8°.

1218. — Visite au château de Montaigne...

Exemplaire interfolié, annoté par M. PAYEN.

1219. — Visite au château de Montaigne...

A la suite : Maison d'habitation de Michel Montaigne à Bordeaux (par le Dr J.-F. PAYEN). — *Paris, Techener*, 1855, in-8°.

1220. — SAINT-MARC-GIRARDIN. — Tableau de la littérature française au XVIe siècle... — *Paris, Didier*, 1862, in-8°.

1221. — SANCHEZ (Francisci), doctoris medici, tractatus philosophici. — *Rotterdam, Arn. Leers*, 1649, petit in-12.

1222. — SATGÉ-BORDES (M. Côme). — Jugements sur les meilleurs écrivains anciens et modernes, ou mémoires littéraires. — *Paris, Delaunay*, 1812, in-12.

1223-1225. — SAUVEROCHE. — Discours sur les célébrités du Périgord, suivi de notes biographiques et philologiques... — *Périgueux, Dupont*, 1835, petit in-12.

Trois exemplaires.

1226. — SAVÉRIEN. — Histoire des philosophes

modernes... — *Paris*, 1773, in-12 (extrait du t. II).

A la suite : 1º Éloges des hommes savants... par Tessier (extrait). 2º Misophilanthropopanutopies, par Ch. Lemesle (extrait). 3º Discours sur les célébrités du Périgord, par Sauveroche (extrait). 4º Extraits de la bibliothèque de poche (prospectus); du t. IV de la *Bibliothèque d'un homme de goût;* du t. VIII de la *Galerie historique des hommes les plus célèbres...* par Landon; du t. II du *Dictionnaire historique et bibliographique portatif...* par Ladvocat; du t. VI du *Nouveau Dictionnaire historique;* du t. II du *Dictionnaire des portraits historiques;* du t. XIV de la *Biographie universelle*, de Feller. 5º Sommaire récit sur la vie de Michel, seigneur de Montaigne.

1227. — Histoire des progrès de l'esprit humain dans les sciences et dans les arts qui en dépendent. Sciences intellectuelles... avec un abrégé de la vie des plus célèbres auteurs dans ces sciences. — *Paris, Lacombe,* 1777, in-8º.

1228. — Scudéry (Mademoiselle de). — Conversations nouvelles sur divers sujets, dédiées au roy... — *La Haye, Abraham Arondeus,* 1685, 2 tomes en 1 vol. in-12.

1229. — Sebon (Recueil factice de documents concernant Remon). — In-8º.

1º Dissertatio de Remundo de Sabunde, autore Rothio Turicensi. — *Turici, typis C. Kæhleri*, 1846, in-8º. — 2º De theologiâ naturali Raimundi de Sabunde, commentatio quam... publicè defendét Franciscus Holberg... — *Halis, formis expressum semmlerianis.* — 3º Die natürliche Theologie des Raymundus von Sabunde... (La théologie naturelle de Raymond de Sabunde, document pour l'histoire des dogmes au xve siècle, par David MATZKE.) — *Breslau, Ed. Trewendt*, 1846, in-8º. Deux exemplaires. — 4º Le Christianisme de Montaigne... par M. LABOUDERIE. — *Paris, Demonville*, 1819, in-8º. (Discours préliminaire.) — 5º Extrait de la *Théologie naturelle*, de Raymond SEBON, traduite en français par Messire Michel, seigneur DE MONTAIGNE. (Extrait de l'édit. Lefèvre de 1818.) — 6º Essais de Michel DE MONTAIGNE. — *Paris, Lefèvre*, 1818, in-8º (t. III, p. 1-364). — 7º Un mot de réponse au très-érudit M. Gustave Brunet, de Bordeaux, au sujet de son article sur Remon Sebon, par le Dr J.-F. PAYEN. — *Paris, Dubuisson*, s. d. (Extrait du journal *Le Quérard*.)

1230. — SÉGUR (M. le comte DE). — Pensées, maximes et réflexions. — *Paris, Alexis Eymery*, 1823, petit in-12.

A la suite : Manuel d'Épictète... par le général baron DE POMMEREUL. — *Paris, Igonette*, 1823.

1231-1232. — SERVAN (Choix des œuvres inédites de), par X. DE PORTETS. — *Paris*, 1825, in-8º.

Tome I, deux exemplaires. — Le sous-titre porte : *Commentaires historiques et critiques sur les deux premiers livres des Essais de Montaigne.*

1233-1236. — [SIMPLICIEN (frère)]. — L'État de la France. — *Paris, par la Compagnie des libraires*, 1727, 4 vol. in-12.

Tomes II, III, IV et V.

1237. — SOREL (M.-C.). — La Bibliothèque françoise... ou le choix et l'examen des livres fran-

çois qui traitent de l'éloquence, de la philosophie...
— *Paris, de Sercy*, 1664, in-12.

1238. — SOUFFRAIN (J.-B. Al.). — Essais, variétés historiques... sur la ville de Libourne. — *Bordeaux, Brossier*, 1806, in-8°.

1239. — SOULARY (Joséphin). — Sonnets humouristiques. Édition revue... — *Lyon, N. Scheuring*, 1858, in-8°.

1240-1241. — SUARD (J.-B.-A.). — Mélanges de littérature. — *Paris*, an XII (1803), 2 vol. in-8°.

1242-1243. — Succi, de Bologne (Catalogue de lettres autographes... composant le cabinet du D^r). — *Paris, Charavay*, 1863, in-8°.

Deux exemplaires.

1244-1245. — TALBERT (l'abbé). — Eloge de Michel Montaigne, qui a remporté le prix d'éloquence à l'Académie de Bordeaux en 1774... — *Londres et Paris, Moutard*, 1775, in-12.

Deux exemplaires.

1246. — Éloge de Michel Montaigne...

A la suite : Extrait des Mémoires de M. FONTAINE (t. III, p. 77-104).

1247. — Lettres autographes de l'abbé TALBERT, suivies de trois Éloges (manuscrits) de Montaigne, présentés à l'Académie de Bordeaux pour le concours de 1772, dont celui de l'abbé Talbert, qui fut couronné.

1248. — Tallemant des Réaux. — Anecdotes historiques et littéraires, racontées... — *Paris, Hachette*, 1853, in-16.

L'anecdote relative à Mlle de Gournay est de Tallemant.

1249. — Tamizey de Larroque (Philippe). — Essai sur la vie et les ouvrages de Florimond de Raymond, conseiller au parlement de Bordeaux. — *Paris, Aug. Aubry*, 1867, in-8°.

1250. — De la fondation de la Société des Bibliophiles de la Guienne. — *Auch*, 1866, in-8°.

1251. — Techener (Catalogue des livres composant la librairie de J.). — *Paris, Wittersheim*, 1846, in-12. Pièce.

1252-1253. — Tessier (Antoine). — Les Éloges des hommes sçavants, tirés de l'Histoire de M. de Thou... Seconde édition. — *Utrecht, Fr. Halma*, 1696, 2 vol. in-12.

1254-1259. — Les Éloges des hommes sçavants, tirés de l'Histoire de M. de Thou... Quatrième édition. — *Leyde, Th. Haak*, 1715; 4 vol. in-12.

Deux exemplaires des tomes II et IV.

1260. — Théodore (le seigneur), comte de Bronckhort, Battobourg... — Remarques morales et politiques... — *Utrecht, J. Waesbergue*, 1646, petit in-12.

1261. — Remarques morales et politiques... — *Paris, J.-B. Loyson*, 1650, petit in-12.

Sans nom d'auteur.

1262. — THEOPHILI SINCERI neue Sammlung... (Nouvelle collection de livres vraiment anciens et rares de Theophilus Sincerus...) — *Francfort et Leipzig, J. Stein*, 1733, in-8°.

1263. — THOU (Mémoires de la vie de Jacques-Auguste DE), conseiller d'État et président à mortier au Parlement de Paris. — *Amsterdam, Fr. L'Honoré*, 1714, in-12.

1264. — TILLET. — Chronique bordeloise, corrigée et augmentée depuis l'année 1671, jusqu'au passage du roy d'Espagne... l'année 1701... — *Bordeaux, Simon Boe*, 1703, in-4°.

1265. — TITON DU TILLET. — Le Parnasse françois, dédié au roi... — *Paris, Coignard*, 1732, in-fol.

Exemplaire annoté par l'auteur.

1266. — Essais sur les honneurs et sur les monuments accordés aux illustres sçavants pendant la suite des siècles... — *Paris, Chaubert*, 1744, in-12.

1267. — TROGNON. — Galeries historiques du

palais de Versailles... — *Paris, Imp. royale*, 1848. in-8°.

Tome IX. — La Notice sur Montaigne est de M. Trognon.

1268. — TRUBLET (l'abbé). — Essais sur divers sujets de littérature et de morale.., Seconde édition. — *Paris, Briasson*, 1737, petit in-8°.

1269. — Essais sur divers sujets... Troisième édition. — *Paris, Briasson*, 1741, petit in-8°.

1270-1273. — Essais sur divers sujets... Cinquième édition corrigée et augmentée. — *Paris, Briasson*, 1754-1760, 4 vol. petit in-8°.

1274-1277. — Essais sur divers sujets... Nouvelle édition, revue et corrigée. — *Paris*, 1762, 4 vol. petit in-8°.

1278. — ULBACH (Louis). — Études sur Montaigne, par M. Étienne. (La Politique nouvelle, revue hebdomadaire.) — *Paris*, 1er juin 1851, in-8°. Pièce.

1279. — Écrivains et hommes de lettres. — *Paris, Delahays*, 1857, in-12.

1280. — WALANT (J.-H.). — Code moral pour servir à l'instruction de la jeunesse... — *Paris, chez l'éditeur*, an VIII, in-12.

1281. — VALLETTE. — Catalogue d'une grande

et belle collection de lettres autographes... — *Paris, 1864, in-8°.*

1282-1285. — Vernier. — Notices et observations pour préparer et faciliter la lecture des Essais de Montaigne... — *Paris, Testu et Delaunay, 1810,* 2 vol. in-8°.

Deux exemplaires.

1286-1287. — Notices et observations pour préparer... la lecture des Essais...

Introduction. — Deux exemplaires.

1288-1291. — Vigneul-Marville (de). — Mélanges d'histoire et de littérature. — *Paris, Claude Prudhomme, 1725,* 3 vol. in-12.

Deux exemplaires du tome II.

1292. — Villemain. — Discours et Mélanges littéraires. — *Paris, Ladvocat, 1823,* in-8°.

1293. — Discours et Mélanges littéraires... troisième édition. — *Paris, Ladvocat, 1825,* in-8°.

1294. — Discours et Mélanges littéraires. — *Paris,* in-12.

Le titre manque.

1295. — Éloge de Montaigne... — *Paris, Didot, 1812, in-4°.*

L'Éloge est précédé du Rapport sur le concours d'éloquence, où il fut couronné et suivi : 1° du Discours de réception à l'Académie française, prononcé par M. VILLEMAIN le 28 juin 1821, et de la réponse de M. ROGER. 2º Du Journal des savants (juillet et octobre 1855, art. de M. VILLEMAIN sur les Notices de M. Payen et les publications de M. Grün).

1296-1297. — Éloge de Montaigne, discours... — *Paris, F. Didot,* 1812, in-8º.

Deux exemplaires.

1298. — Discours prononcé à l'Académie française pour la réception de M. VILLEMAIN, le 28 juin 1821. — *Paris, F. Didot,* 1821, in-4º. Pièce.

1299-1300. — VINCENS (Émile). — Éloge de Michel de Montaigne, qui n'a pas concouru pour le prix de l'Institut... — *Paris, Fantin,* 1812, in-8º.

Deux exemplaires.

1301-1302. — VINET. — Moralistes des XVIe et XVIIe siècles. — *Paris,* 1859, in-8º.

Deux exemplaires.

1303. — VIOLET-LE-DUC (Catalogue des livres composant la Bibliothèque poétique de M.) avec des notes bibliographiques, biographiques et littéraires sur chacun des ouvrages catalogués... — *Paris, Hachette,* 1843, in-8º.

1304. — VOGT (Johannis). — Catalogus historico-criticus librorum rariorum... editio nova priori vel quadruplex auctior... — *Hamburgi, sumptibus Christiani Heroldi,* 1738, in-8º.

1305. — VOYER (R.-L. DE) DE PAULMY, marquis D'ARGENSON. — Essais dans le goût de ceux de Montagne, composés en 1736, par l'auteur des Considérations sur le gouvernement de la France. — *Amsterdam*, 1785, in-8°.

VIIe SECTION.

Ouvrages anonymes se rapportant spécialement ou incidemment à Montaigne, à ses parents et à ses amis.

1306. — Abrégé de la vie de Mme Jeanne de Lestonnac, veuve du sieur baron de Landiras, fondatrice de l'ordre des religieuses de Notre-Dame. — In-4°.

Le titre manque.

1307. — Album du voyageur à Bordeaux... — *Bordeaux, Constant* (s. d.), in-8°.

1308. — Almanach des Françoises célèbres... — *Paris, Lejay fils*, 1790, petit in-12.

1309. — Anciens et nouveaux règlements de la

Cour du Parlement de Bourdeaux... — *Bourdeaux, Mongiron-Millanges*, 1661, in-8°.

A la suite : 1° Style du siége présidial et sénéchaussée de Guyenne... — *Bourdeaux, Mongiron-Millanges*, 1661. — 2° Édicts et ordonnances du roi concernant la juridiction... — *Bourdeaux, Mongiron-Millanges*, 1661.

1310. — Anciens et nouveaux statuts de la ville et cité de Bordeaux... — *Bordeaux, Simon Boe*, 1701, in-4°.

1311. — Ancien théâtre français, ou collection des ouvrages dramatiques les plus remarquables, depuis les Mystères jusqu'à Corneille... — *Paris, P. Jannet*, 1857, in-16.

Tome X : *Glossaire*.

1312. — Annuaire du département de la Dordogne pour l'année sextile XI de l'ère française... — *Périgueux, Dupont*, in-8°.

1313. — Annuaire pour le département de la Dordogne (pour l'année 1821), in-12.

Incomplet.

1314. — Bibliographie du Périgord xvie siècle... — *Paris, Aug. Aubry*, 1861, in-8°.

1315. — Bibliothèque de poche, par une société de gens de lettres. Curiosités philologiques... — *Paris, Paulin et Le Chevalier*, 1855, in-12.

1316. — Bibliothèque et archives du collège héraldique et historique de France... (catalogue). — *Paris, L. Techener*, 1866, in-8°.

1317. — Bibliothèque française ou histoire littéraire de la France. — *Amsterdam, J.-Fr. Bernard*, 1723, in-12.

Tome III, 2 part. en 1 vol.

1318. — Bibliothèque grecque et latine du baccalauréat ès lettres, comprenant les auteurs grecs et latins.... (prospectus). — *Paris*, s. d., in-18. Pièce.

1319-1323. — Bibliothèque universelle des dames. Morale. — *Paris, Cuchet*, 1785-1788, 5 vol. in-12.

Tomes I, IX, X, XI, XII.

1324. — Bulletin du Bibliophile belge..... — *Bruxelles, Cologne et Bonn, J. Héberlé*, 1851, in-8°.

Tome VIII, n° 6.

1325. — Bulletin du comité de la langue de l'histoire et des arts de la France... — *Paris, impr. impériale*, 1855, in-8°.

Tome II, n° 5. — M. PAYEN y a intercalé des extraits de ses *Recherches sur Montaigne...* n° 4. — *Paris, Techener*, 1856, in-8°.

1326-1327. — Bulletin polymathique du muséum d'instruction publique de Bordeaux... — *Bordeaux, Brossier*, 1808 et 1810, 2 vol. in-8°.

1328. — Calendrier des corps administratifs, judiciaires et militaires du département de la Dordogne pour l'an 1826... — *Périgueux, Dupont,* 1826, in-18.

1329. — Calendrier des corps administratifs... du département de la Dordogne, années 1840 et 1854. — *Périgueux, Dupont,* 2 tomes en 1 vol. in-18.

1330. — Calendrier intéressant et curieux du nouvel almanach de la physionomie des hommes et des femmes... — *Paris, Gabriel Quinet* (1789), in-8°.

1331. — Catalogue des lettres autographes provenant du cabinet de M. le chevalier de R...y... — *Paris, Charavay,* 1863, in-8°.

1332. — Catalogue des livres de la bibliothèque de feu M. de Mirabeau l'aîné, député et ex-président de l'Assemblée nationale constituante... — *Paris, Rozet,* 1791, in-8°.

1333. — Catalogue des ouvrages mis à l'index, contenant le nom de tous les livres condamnés par la Cour de Rome, depuis l'invention de l'imprimerie jusqu'en 1825, avec les dates des décrets de leur condamnations... — *Paris, E. Garnot,* 1826, in-8°.

1334. — Château de Montaigne (Pièces relatives au). 1° Notice sur le château de Montaigne (par F. JOUANNET, insérée dans le *Musée d'Aquitaine,* mars 1823). — 2° Visite au château de Montaigne, en Périgord, par le Dr Bertrand DE SAINT-GERMAIN. —

Paris, Techener, 1850, in-8°. — 3° Discours préliminaire de Querlon servant de préface au *Journal du voyage de Montaigne en Italie*. — *Rome et Paris, Jay*, 1775, in-12. — 4° Extraits des tomes IV, V et VI des *Variétés Bordelaises*, par l'abbé BEAUREIN. — *Bordeaux*, 1785, in-12. — 5° Extrait de *l'Almanach des Muses pour l'an VIII*. — *Paris, Louis*, in-12.

1335. — Compte-rendu des travaux de la Commission des monuments et documents historiques du département de la Gironde... par MM. RABANIS et LAMOTHE... — *Paris, Didron*, 1852, in-8°.

1336. — Compte-rendu des travaux de la Commission des monuments..... de la Gironde..... par MM. DOSQUET et LAMOTHE. — *Paris, Didron*, 3 tomes en 1 vol. in-8°.

Années 1853, 1854 et 1855.

1337. — Dictionnaire des portraits historiques, anecdotes... des hommes illustres. — *Paris, Lacombe*, 1768, in-8°.

Tome II.

1338-1339. — Digne (La) fille de Marie, ou la vénérable mère Jeanne de Lestonnac... par une religieuse de son ordre. — *Paris, Périsse*, 1847, petit in-12.

Deux exemplaires.

1340. — Discours sur les antiquités trouvées près

le prieuré Saint-Martin-les-Bordeaux, en juillet 1594.
— *Bordeaux, Simon Millanges, 1615,* in-4°.

Dans le même volume : Chronique Bourdeloise... par Gabriel DE LURBE. — Exemplaire incomplet.

1341. — Edits des roys CHARLES IX et HENRY III sur la pacification... — *Paris, Olivier de Varennes,* in-8°.

1342-1343. — L'esprit des Essais de Michel, seigneur de Montaigne. — *Paris, Ch. de Sercy,* 1677, in-8°.

Deux exemplaires.

1344-1345. — L'esprit des philosophes anciens et modernes ou rapprochement des pensées les plus profondes de Cicéron, Sénèque... avec Montaigne, Descartes...

Manuscrit relié aux armes de la duchesse de Civrac pour laquelle il fut composé, 1783, 2 vol. in-4°.

1346. — Exposition des Beaux-arts de Périgueux, le 14 mai 1864. Catalogue... — *Périgueux, J. Bounet,* 1864, in-12.

1347. — Femmes (les) illustres, étrennes et bouquet à présenter aux dames en tout temps. — *Paris, Hardouin,* 1779, petit in-16.

1348. — Glossaire de Montaigne, pour faciliter la lecture des Essais. — in-12.

Manuscrit.

1349. — Honneurs rendus à la mémoire de Montaigne. Projet d'érection de statues à Montaigne et à Montesquieu dans la ville de Bordeaux. 1845. — Statues élevées en l'honneur de Montaigne et de Fénelon, dans la ville de Périgueux. — in-4°.

Recueil factice, comprenant : 1° La photographie de la statue de Montaigne à Bordeaux. — 2° Des notes manuscrites de M. PAYEN. — 3° Le Mémorial bordelais (20 mars 1851. — Rapport de M. DUFFOUR-DUBERGIER au maire de Bordeaux). — 4° Le même rapport (tirage à part). — 5° Recueil des actes de l'Académie de Bordeaux. — 3ᵉ trimestre 1851. — *Bordeaux, Chaumas*, in-8° (Discours de M. CIROT DE LA VILLE, prononcé à l'inauguration des statues de Montaigne et Montesquieu).— 6° Le Mémorial bordelais (19 août 1849). — 7° La Guienne (20 février 1851. — De Montaigne et de sa statue, par Antoine SAINT-MARC). — 8° Trois lettres autographes de M. Gustave BRUNET. — 9° L'Echo de Vesone (24 mai 1853. — Inscriptions pour les statues de Montaigne et de Fénelon, par Eugène MASSOUBRE). — 10° Le Journal du peuple (8 septembre 1858. — Discours de M. CIROT DE LA VILLE).

1350. — Instruction pour le peuple. Cent traités sur les connaissances les plus indispensables. 13ᵉ livraison. — *Paris, Dubochet* (s. d.), in-8°. Pièce.

1351. — Journal de la lecture. — *Paris* (s. d.), in-8°.

27 numéros.

1352. — Journaux divers contenant des articles relatifs à Montaigne, Mademoiselle de Gournay, La Boëtie ou aux travaux de M. Payen :

1° AMAR. Éloge de Montaigne, par J.-V. Leclerc (*Moniteur universel*, 16 mai 1812). 2° BARBEY D'AUREVILLY. Sonnets humouristiques, par Joséphin Soulary (*Le Progrès*, de Lyon, 25 décembre 1859). 3° BARRIÈRE (François). Debtes et créanciers de la royne Catherine de Médicis, documents publiés par M. l'abbé Chevalier (*Journal des Débats*, 12 juillet 1862). 4° BAUDRILLART (Henri). Histoire de la littérature française, par M. Désiré Nisard (*Le Courrier français*, 14 janvier.....). 5° BÉRAUD (J.-B.-M.). Article sur Çà et là, par M. Louis Veuillot (*Le Progrès*, 15 déc. 1860). 6° BONALD (Mgr le Cardinal DE). Lettre pastorale du 8 mai 1864 (*Le Progrès*, de Lyon, 15 mai). 7° BRUNET (Gustave), de Bordeaux. Monuments autographes et inédits de Montaigne (*La Quotidienne*, 23 août et 15 septembre 1843). 8° CHANTELAUZE (R. DE). Publications relatives à Montaigne, faites par le Dr J.-F. Payen (*La Gazette de Lyon*, 17 mars 1858). 9° CHASLES (Philarète). Michel Montaigne et Jacques Amyot (*Journal des Débats*, 7 nov. 1846). 10° CHASSIN (Charles-Louis). Un ministre honnête homme sous Louis XV. Le marquis d'Argenson (*D...*, 11 août 1857). Les libertés de 1789 (*Le Progrès*, ...). 11° CHATEAUBRIAND. Mémoires d'Outre-Tombe, t. VIII (*La Presse*, 26 février 1850). 12° CHAUDES-AIGUES (Jacques).

Polémique littéraire. M. Sainte-Beuve (*Le Courrier français*, 27 sept. 1846). 13° CLARETIE (Jules). Chronique théâtrale (*L'Opinion nationale*, 1ᵉʳ mars 1869). 14° CUVILLIER-FLEURY. Revue littéraire. Camille Desmoulins (*Journal des Débats*, 2 et 3 novembre 1850). Revue littéraire. Henri Beyle (M. de Stendhal) peint par lui même (*Journal des Débats*, 17 janvier 1858). 15° DELORD (Taxile). Montaigne en Angleterre (*Le Siècle*, 17 mai 1858). 16° DELPIT (Jules). Notice sur La Boëtie, par le Dʳ J.-F. Payen (*Courrier de la Gironde*, 21 octobre 1853). Document inédit sur Montaigne (*Courrier de la Gironde*, 21 janvier 1856. Documents et renseignements divers sur Montaigne... par le Dʳ Payen (*Courrier de la Gironde*, 19 août 1855). 17° DESCHAMPS (Émile). Études sur les littératures modernes, par Ed. Mennechet (*Le Constitutionnel*, 13 janvier 1848). Études... deuxième édition (*La Presse*, 15 juin 1850). 18° DIVIN (Philippe). Revue dramatique (*La Gironde*, 11 juin 1868). 19° DUMAS (Alexandre). Mémoires (*La Presse*, 8 février 1852 et 20 octobre 1853). 20° DURUY (Victor). Rapport à l'Empereur sur l'état de l'instruction primaire pendant l'année 1863 (*Le Progrès*, 8, 9 et 10 mars 1865). 21° ERDAN. Les Révolutionnaires de l'A, B, C. Étude sur la réforme ortographique (*La Presse*, 23-26 décembre 1853). 22° FABIANI. Lettre au rédacteur en chef du *Sémaphore* (21 août 1861). 23° FÉRAT. Les Fêtes pour le millenaire du Concile de Trente. 24° GÉRAULT (Mᵍʳ) DE LANGALLERIE. Circulaire du clergé de son diocèse concernant la liturgie romaine

(... 5 mai 1864). 25° GOURRAIGNE (J.). Montaigne et l'Artiste (*Courrier de la Gironde*, 23 mars 1859). 26° GUILLEMOT (Gabriel). De la soif qu'ont aulcuns de s'estendre. Imité de Montaigne (*Figaro*, 20 novembre 1864). 27° IMBERT. Un voyage à Montaigne (*Journal de Bergerac*, 15, 16 et 23 juillet 1864). 28° JANIN (Jules). Article incomplet (*Journal des Débats*, 4 août 1863). 29° JOURDAN (L. B.). Les Livres (*Le Progrès*, 30 mars 1861). 30° JOUX (Dr Amédée). Quelques Réflexions sur l'ataxie (... 15 août 1853). 31° LA FIZELIÈRE (Albert DE). Curiosités historiques, littéraires et artistiques (*Courrier de Paris*, 13 mai 1857). 32° LAMARTINE (Alphonse DE). Les Confidences (*La Presse*, 7 févr. 1849). 33° LEMESLE (Charles). Montaigne (*Le Commerce*, 1er mai 1842). 34° LENTILLON. Les Dugas, seigneurs de Thurins (*Le Progrès*, 29 octobre 1862). 35° LE ROUX DE LINCY. La Vie publique de Montaigne, de M. Grün (*Le Moniteur universel*, 1er juin 1855). 36° LIMAYRAC (Paulin). Shakspeare et son temps, par M. Guizot (*La Presse*, 25 juillet 1852). Le Civilisateur, par M. de Lamartine (*La Presse*, 19 juin 1852). Heures de prison, par Mme Lafarge (*La Presse*, 12 décembre 1853). 37° LIVET (Charles). Précieux et précieuses (*Le Moniteur universel*, 25 mars, 3 et 4 avril 1857). 38° MAGNE. Étude sur Montaigne. Conférence faite à Périgueux le 27 février 1869 (*L'Écho de la Dordogne*). 39° MALVEZIN (Théophile). Notes généalogiques sur Montaigne (*La Gironde*, 8, 11 et 19 mai 1868). 40° MARCELIN (L'abbé M.). Montaigne (*Le*

Sarladais, 30 juin et 14 juillet 1864). 41° Morin (Frédéric). Deux Poëtes lyonnais. MM. Joséphin Soulary et Louis Rambaud (*Le Progrès*, 20 octobre 1862). 42° Nisard (Désiré). Lettres inédites de Montaigne, par M. Feuillet de Conches (*Le Moniteur universel*, 4 janv. 1864). 43° Nollet. Les Gloires nationales. La palu de Bordeaux (*Journal pour tous*, 12 avril 1856). 44° Onofrio. Discours prononcé à l'occasion de la rentrée de la Cour impériale de Lyon (*Le Progrès*, 9 novembre 1862). 45° Ortigue (d'). La Bruyère, ses biographes, ses éditeurs (*Journal des Débats*, 30 mars 1862). 46° Payen (Dr J.-F.). Lettre au Rédacteur en chef (*La Patrie*, 12 avril 1850). Un nouvel autographe de Montaigne (*Le Périgord*, 3 décembre 1855). 47° Peyrat (A.). Histoire du règne de Philippe II, par W. Prescott (*La Presse*, 10 mars 1856). 48° Prévost (F.). Monument élevé à la mémoire du Tasse à Rome (traduit du Giornale di Roma). 49° Prévost-Paradol. Mme de Chevreuse, par M. Cousin (*Journal des Débats*, 15 août 1862). La Diplomatie vénitienne... par M. Armand Baschet (*Journal des Débats*, 28 septembre 1862). Essais de Michel Montaigne, avec les Notes de tous les commentateurs. Édition de J.-V. Leclerc (*Journal des Débats*, 16 et 17 novembre 1864). 50° Rapetti. Michel de Montaigne, de M. F. Bigorie de Laschamps (*Le Moniteur universel*, 24 juillet 1855). 51° Rigault (Hippolyte). Montaigne the essayist, de M. Bayle-Saint-John (*Journal des Débats*, 16 juin 1858). 52° Roubaud (Félix). Absence de la douleur dans la mort (*Le monde médical...*). 53° SACY (Sylvestre DE). Étude sur le XVIe siècle, par H. Chevreul. Étienne de la Boëtie, par L. Feugère (*Journal des Débats*, 14 avril 1852). Histoire de la littérature française, par M. Désiré Nisard (*Journal des Débats*, 22 juillet 1863). Préface de l'édition nouvelle des Lettres de Mme de Sévigné (*Journal des Débats*, 20 juillet 1864). Montaigne et Marot. Édition Garnier (*Journal des Débats*, 29 mai 1867). 54° *Sainte-Beuve*. Légendes françaises. Rabelais, par M. Eugène Noël (*Le Constitutionnel*, 7 octobre 1850). Qu'est-ce qu'un classique? (*Le Constitutionnel*, 21 octobre 1850). Nouveaux documents sur Montaigne... par le Dr Payen (*Le Constitutionnel*, 28 avril 1851). Bossuet (*Le Moniteur universel*, 5 et 6 juin 1851. Étienne de La Boëtie, l'ami de Montaigne (*Le Moniteur universel*, 14 novembre 1853). Le même article (*Écho de Vésone*, 23-25 novembre 1853). Montaigne en voyage (*Le Constitutionnel*, 24 mars 1862). Lettres inédites de Montaigne, publiées par M. Feuillet de Conches. Montaigne maire de Bordeaux (*Le Constitutionnel*, 9 novembre 1863). 55° SAINT-MARC-GIRARDIN. La Misère au temps de la Fronde, par M. A. Feillet (*Journal des Débats*, 1er juillet 1862). 56° SAINT-VICTOR (Paul DE). Feuilleton des théâtres (*La Presse*, 8 juillet et 2 décembre 1855; 15 février et 26 avril 1857; 2 janvier, 13 mai et 25 novembre 1860; 20 mai 1867). 57° SIORAC (Armand DE). Montaigne (*Le Chroniqueur du Périgord*, juillet 1853). 58° SOPHRONIUS. Troisième lettre... Question liturgique (*Le Progrès, 7 mai 1844). 59° TACONET (Eugène). Liturgie (Extrait du *Monde*, reproduit par *le Progrès*). 60° ULBACH (Louis). Du Suicide (*La Presse*, 14 et 28 mai 1857). 61° VALBRUNE (Ivan DE). Montaigne (*L'Agriculteur*, 21 février 1858). 62° VIOLLET-LE-DUC. Sur le Réalisme. 63° VIVIEN DE SAINT-MARTIN. Bulletin des Sciences historiques. P.-A. Boudard, Numismatique ibérienne (*La Presse*, 5 novembre 1860).

Journaux dont les articles sur Montaigne ne sont pas signés : 1° L'Assemblée nationale (29 mars 1850). 2° Le Constitutionnel (3 août 1862). 3° Le Courrier d'Arcachon (21 août 1864). 4° L'Écho de Vésone (24 mars 1847). 5° Journal de Paris (... 1782). 6° Journal des Débats (14 octobre 1846 et 22 mai 1847; 2 mars 1850 et 16 août 1863). 7° Le Mémorial Bordelais (11 décembre 1846). 8° Le Monde médical (s. d.). 9° Le Pays (23 et 24 juillet 1854). 10° Le Progrès, de Lyon (... 1864). 11° L'Union (29 avril 1850). 12° L'Union monarchique (5 juillet 1847).

1353. — Journaux (61 numéros des mêmes, en double).

1354. — Légendes, Chroniques et Nouvelles alsaciennes, publiées par R. P. — *Paris, V. Lecou* (s. d.), in-12.

1355-1356. — Mélanges tirés d'une grande bibliothèque. De la Lecture des livres français. Suite de la huitième partie. — *Paris, Moutard*, 1781, in-8°.

Tome XV. — Deux exemplaires.

1357. — Mélanges tirés d'une grande bibliothèque... neuvième partie. — *Paris, Moutard*, 1781, in-8°.

Tome XVII.

1358. — Mémoire à Nosseigneurs du Parlement (sur la substitution du nom de Montaigne). — in-4°.

1359-1360. — Mémoire dans l'instance de liquidation pour le marquis de Saluces contre le comte et la comtesse de Béarn. — 1768, in-4°.

Deux exemplaires. A la suite sont d'autres mémoires au Parlement sur le même sujet.

1361. — Mémoire pour le marquis de Saluces contre Pierre et Henri de Lur... — *Paris, d'Houry*, 1773, in-4°.

A la suite : Requête au roi pour Messieurs les marquis et comte de Saluces. — *Paris, Michel Lambert*, 1774, in-4°.

1362. — Mémoire signifié pour le marquis de Saluces contre le comte et la comtesse de Béarn. — 1764, in-4°.

Rapport de l'abbé TERRAY.

1363. — Mémoires pour servir à l'histoire des

hommes illustres dans la république des lettres... — *Paris, Briasson,* 1731, in-12.

Tome XVI.

1364-1365. — Michael Montaigne stimme der wahrheit... (Voix de la vérité et sagesse du temps passé de Michel Montaigne, au point de vue anthropologique, pour la connaissance pratique du monde et de la vie...). — *Kœnigsberg, F. Nicolorius,* 1817, 2 vol. in-8°.

1366. — Notice de quelques précieux autographes et manuscrits, vendus après le décès de Mme de Castellane... — *Paris,* 1849, in-8°. Pièce.

Cinq exemplaires.

1367. — Notice sur les vins de Bordeaux... — *Paris, Jouaust,* 1867, in-12.

1368. — Nouvelles maximes, sentences et réflexions morales et politiques. — *Paris, J.-B. Delespine,* 1702, in-12.

1369. — Ovide parlant à Tieste, luy monstrant l'ordre qu'il doit tenir pour gouverner un estat et le rendre victorieux malgré ses ennemis. — *Paris,* 1652, in-4°.

A la suite : copie manuscrite de la même pièce.

1370. — Petit code de morale à l'usage de toutes les classes de la société... — *Paris, Desauges,* 1826, in-32.

1371. — Portrait (le) du Sage. Extrait de Confucius, Platon, Zénon... Montaigne... — *Paris*, 1809, in-12. Pièce.

1372. — Portraits (Collection de) des Français célèbres par leurs actions ou leurs écrits..., accompagnés de notices biographiques... — *Paris, Lami-Denozan*, 1828, in-8°.

Première série. Littérateurs.

1373. — Précis pour la dame vicomtesse de Gallard-Brassac de Béarn, intimée, contre le sieur marquis de Saluces, appelant. — 1764, in-4°.

1374. — Précis statistique sur le canton de Ressons-sur-Matz, arrondissement de Compiègne (Oise). — 1838, in-8°.

Extrait de l'annuaire de 1838.

1375. — Préfaces (Recueil factice des) des éditeurs de Montaigne.

1° Collection de moralistes français... par AMAURY-DUVAL. — *Paris, Chassériau*, 1820. in-8° (t. I, p. I-XIV). 2° Essais de MONTAIGNE, publiés par AMAURY-DUVAL (t. I, notice, p. I-XXXVIII). 3° Essais de MONTAIGNE... — *Paris, Lavigne*, 1842, in-12 (Lettre de M. CHRISTIAN à M. Villemain sur Montaigne, p. I-XII). 4° Avertissement de l'éditeur (édit. Didot, p. V-LXIII). 5° Essais... avec les notes de M. Coste (préface et notice, p. V-LXXVI).

6° Essais de Montaigne. — *Desoer*, 1818, in-18 (Réflexions sur Montaigne, p. I-LXXXIV). 7° Bibliothèque ancienne et moderne, pour faire suite aux bibliothèques universelle et choisie par Jean Leclerc. — *La Haye, P. Husson*, 1727, in-12 (t. XXVII, 2ᵉ part., p. 285-326).

1376. — Quarterly (The) review. June and september 1856. — *London, John Murray*, in-8°.

1377. — Quarterly (The) review. September 1856. — *London, J. Murray*, in-8°.

1378. — Quarterly (The British) review. July, 1, 1858... — *London, Jackson and Walford*, in-8°.

1379. — Quelques mots sur un ouvrage d'un Périgourdin et quelques mots sur l'histoire du Périgord. — *Périgueux, Dupont*, 1854, in-8°. Pièce.

1380-1384. — Recueil de pièces en prose les plus agréables de ce temps, composées par divers autheurs... — *Paris, Ch. de Sercy*, 1657-1663, 5 vol. in-12.

1385-1386. — Recueil d'épitaphes sérieuses, badines, satiriques... ouvrage moins triste qu'on ne pense, par M. D. L. P... — *Bruxelles*, 1782, 2 vol. in-12.

Tome II incomplet.

1387. — Recueil de plusieurs pièces pour servir

à l'histoire de Port-Royal ou supplément aux Mémoires de Messieurs Fontaine, Lancelot et du Fossé. *Utrecht, aux dépens de la Compagnie*, 1740, in-12.

1388. — Recueil des actes de l'Académie de Bordeaux. 4ᵉ trimestre 1855. — *Bordeaux, Chaumas-Gayet*, in-8°.

A la suite : 1° Compte-rendu des séances rédigé par le secrétaire général. 1856, nov. et déc. — *Bordeaux, Gounouilhou*, in-8°. — 2° Lettres autographes de MM. GRUN et DURAND.

1389. — Recueil des annonces, affiches et avis divers pour la Ville de Bordeaux. — *Bordeaux, Labottière*, 1759, in-4°.

1390. — Recueil de toutes les feuilles de la Spectatrice qui ont paru et de celles qui n'ont point paru. — *Paris, veuve Pissot*, 1730, in-12.

1391. — Règle de Saint-Augustin et constitutions des religieuses de Sainte-Ursule, de l'Institut de Bordeaux... — *Lille, Nicolas Derache*, 1660, petit in-12.

1392. — Règle du saint ordre des Religieuses de Notre-Dame... — S. l. n. d. In-8°.

Le titre manque.

1393. — Registres secrets du Parlement de Bordeaux. 13 novembre 1531-6 septembre 1582. — In-fol. (Manuscrit).

A la page 348 on trouve la création de ce Parlement, 12 novembre 1462 jusqu'en 1469, et une mention de 1514. (Note de M. Payen.)

1394. — Répertoire universel, historique, biographique des femmes célèbres, mortes ou vivantes... par une Société de gens de lettres... publié par L. P... — *Paris, Desauges*, 1826, in-8°.

Tome II.

1395. — Résumé de l'histoire de la littérature française... — *Paris, L. Janet*, 1825, in-12.

1396. — Revues et recueils périodiques contenant des articles relatifs à Montaigne, Mlle de Gournay, La Boëtie, ou aux travaux de M. Payen :

1° AVENEL. La vie publique de Montaigne, par M. A. Grün (*L'Athenæum français*, 15 sept. 1855 et le *Chroniqueur du Périgord et du Limousin*, oct. 1855). — 2° BONIFACE-DELCRO. Etienne de La Boëtie (*Bulletin du Bouquiniste*, 1er févr. 1864). — 3° BRUNET (J.-Ch.). Manuel du libraire et de l'amateur de livres... quatrième édition originale. — *Paris*, 1842 (prospectus). — 4° CHANTELAUZE (R. DE). Montaigne. Publication du Dr Payen (*La Mode nouvelle*, 11 avril 1858). — 5° CHASLES (Émile). Manuel des honnêtes gens, par Étienne Catalan (*L'Athenæum français*, 24 déc. 1853). — 6° DUPLESSIS (G.). Documents inédits sur Montaigne, publiés par le Dr J.-F. Payen (*Bulletin du Bibliophile*, févr. 1847). — 7° FERMÉ (A.). Les précurseurs. Étienne de La Boëtie (*Les écoles de France*, 7, 14 et 21 févr. 1864).

— 8° GROLIER. Études sur Montaigne, par Ét. Catalan (*La Revue indépendante*, 10 mai 1847). — 9° GRUN (Alphonse). Bibliographie. Notice sur La Boëtie, par le Dr Payen (*L'Illustration*, 1er octobre 1853). Essais de Montaigne. Édition variorum, publiée par Ch. Louandre (*L'Athenæum français*, 28 oct. 1854). — 10° GUIZOT (Guillaume). Opinion de Montaigne sur les lois de son temps (*Revue des cours littéraires*, 13 et 20 janv. 1866). — 11° HŒNEL. Une lettre de Montaigne (*Journal de l'Amateur de livres*, juin 1849). — 12° JUBINAL (Achille). Une lettre inédite de Montaigne (*Le Voleur*, 5 mars 1850). — 13° LACROIX (Paul). Lettres de Crébillon, de Racine et de Charleval (*L'Amateur d'autographes*, 1er juillet 1863). — 14° LAPAUME. Un mot de plus sur Montaigne (*Journal général de l'instruction publique*, 8 mai 1861). — 15° LEBRUN (Firmin). Encore une lettre inédite de Montaigne (*Le Voleur*, 10 avril 1850). — 16° LECOMTE (Jules). Michel de Montaigne trahi par le hasard (*Le Monde illustré*, 21 nov. 1863). — 17° MACÉ (Ant.). Lettre inédite de Montaigne (*Journal général de l'instruction publique*, 4 nov. 1846). — 18° MALTE-BRUN. La France illustrée. Dordogne. — *Paris, Barba*, s. d., in-8°. — 19° PARIS (Gaston). La France littéraire au XVe siècle, par M. Gustave Brunet (*Revue critique d'histoire et de littérature*, 20 janv. 1866). — 20° DE PEYRONNET. Montaigne (*Le Plutarque français*, 112e livraison). — 21° TAMIZEY DE LARROQUE (Philippe). La Bibliothèque de Bordeaux (*Revue d'Aquitaine*, t. VIII,

1864). — 22° VAUCELLE (Auguste de). Critique. Caractères et portraits littéraires du XVIe siècle, par M. Léon Feugère (*L'Artiste*, 6 mars 1859). — 23° L'Athenæum français (24 sept. 1853). Notes manuscrites de M. PAYEN sur un article de l'Athenæum, consacré à sa Notice sur La Boëtie. — 24° Bulletin de la librairie (mars 1847). — 25° Le Chroniqueur du Périgord et du Limousin. — *Périgueux, Boucharie*, août 1855. — 26° Congrès scientifique de France. 28e session. — *Bordeaux*, 1861. — 27° Dictionnaire des sciences philosophiques (prospectus). — *Paris, Hachette*, 1843. — 28° Histoire universelle, par César Cantu... deuxième édition (prospectus). — 29° Index to the authors quoted in the Essays of Montaigne. — 30° Le Moniteur de la librairie ancienne et moderne (1er juillet 1842). — 31° Musée des familles (juillet 1859). — 32° Le Quérard (nouveau prospectus). — *Paris*, s. d. — 33° Revue critique des livres nouveaux. — *Paris, Joël Cherbuliez*, oct. 1853. — 34° The saturday review (16 janv. 1858).

1397. — Revues.

11 numéros des mêmes, en double.

1398. — Revue anecdotique des excentricités contemporaines... — *Paris*, 1859, in-12.

A la suite : *La Mode nouvelle*. — Paris, 1858 (11 avril), in-8° [article de M. R. DE CHANTELAUZE sur les publications de M. Payen].

1399. — Revue Britannique. Mai 1854. — *Paris*, in-8°.

1400. — Revue contemporaine. 31 décembre 1856. — *Paris*, in-8°.

1401-1402. — Revue des Deux-Mondes... 1ᵉʳ mars 1857 et 15 novembre 1859. — *Paris*, 2 vol. in-8°.

1403. — Revue des Sociétés savantes... novembre 1857. — *Paris*, in-8°.

1404-1407. — Ruche (La) d'Aquitaine... Années 1817-1819. — *Bordeaux, Racle*, 4 vol. in-8°.

1408. — Société de la Morale chrétienne, t. IX. — *Paris, Morris*, 1859, in-8°.

1409. — Société de l'Histoire du protestantisme français. Deux diplomates français du XVIIᵉ siècle. — (s. l. n. d.), in-8°. Pièce.

A la suite : Société de l'Histoire du protestantisme français. Histoire de l'Église réformée de Paris. — [s. l. n. d.], in-8°. Pièce.

1410. — Spectateur (Le) ou le Socrate moderne, où l'on voit un portrait naïf des mœurs de ce siècle. Traduit de l'anglais... — *Amsterdam, Wetsteins et Smith*, 1744, in-12.

Tome VI.

1411. — Supplément (Le) de tasse rouzi friou titave aux femmes ou aux maris pour donner à leurs femmes. — *Paris, Huet et Prault,* 1713, in-8°.

1412. — Vie de Guillaume de Gamaches, second du nom, premier grand veneur de France. — *Paris, Prault,* 1786, in-4°.

Exemplaire relié aux armes de la famille de Gamaches.

1413. — Vie de Guillaume de Gamaches... — *Paris, Prault,* 1786, in-4°.

Cet exemplaire contient la vie de Georges de Gamaches.

1414. — Vues de Bordeaux.

Album de vues lithographiées. — Lithographie et photographie de la statue de Montaigne à Bordeaux.

VIIIe Section.

Ouvrages divers.

1415-1417. — Anville (M. d'). — Géographie ancienne abrégée... — *Paris, Merlin,* 1768, 3 vol. in-12.

1418. — AUDIERNE (M. l'abbé). — Épigraphie de l'antique Vésone... — *Périgueux, Dupont,* 1858, in-8°.

1419. — BASANIER. — L'Histoire notable de la Floride... — *Paris, P. Jannet,* 1853, in-16.

1420. — BAUDRIMONT. — Histoire des Basques ou Escualdanais primitifs. — *Bordeaux,* 1853, in-8°.

<small>Recueil des *Actes de l'Académie des sciences, belles-lettres et arts de Bordeaux*..</small>

1421. — BERTHEVIN. — Recherches historiques sur les derniers jours des rois de France... — *Paris, François Louis,* 1825, in-8°.

1422. — DELAY. — Tables de comparaison entre les anciennes mesures du département de la Dordogne et celles du nouveau système métrique. — *Périgueux, Dupont,* 1809, in-4°.

1423. — DESGENETTES (Le baron). — Études sur le genre de mort des hommes illustres de Plutarque. — *Paris, Panckoucke,* 1829, in-8°. Pièce.

1424. — Études sur le genre de mort des hommes illustres de Plutarque et des empereurs romains... — *Paris, F. Didot,* 1833, in-8°.

1425. — DESMAZE (Charles). — Le Parlement de Paris... avec une Notice sur les autres Parlements de France... — *Paris, Cosse et Marchal,* 1860, in-8°.

1426. — DUMAS. — L'Économique de Xénophon

et le Projet de finance du même, traduits... — *Paris, H.-C. de Hansy*, 1768, in-12.

1427. — GISLENII (A) Busbequii omnia quæ extant... — *Lugduni Batavorum*, Elzevir, 1633, petit in-12.

1428. — JEANDET (Abel). — Annales de la ville de Verdun-sur-Saône-et-Doubs en Bourgogne. — *Paris*, 1865, in-8°.

1429. — LAPAUME. — Le Mot d'une énigme sur toile ou le Tableau allégorique. — *Paris, impr. impériale*, 1864, in-8°. Pièce.

1430. — LASCOUX (J.-B.). — Relation de deux siéges soutenus par la ville de Sarlat, en 1587 et 1652... — *Paris, Everat*, 1832, in-8°.

1431. — LEQUIEN DE LA NEUFVILLE. — Origine des postes chez les anciens et chez les modernes... — *Paris, P. Giffart*, 1708, in-8°.

1432. — MARC-AURÈLE. — Réflexions de l'empereur MARC-AURÈLE (Antonin), surnommé le Philosophe... — *Paris, Demilly*, 1742, in-8°.

1433. — [MILLOT (F.-X.), d'après Barbier]. — Histoire philosophique de l'homme, par l'abbé C... — *Londres, Nourse*, 1766, in-8°.

1434. — MONTESSON (C.-R. de). — Vocabulaire

des mots usités dans le Haut-Maine, précédé de remarques sur leur prononciation. — *Paris, Julien, Lanier et Cosnard,* 1857, in-12.

1435. — Vocabulaire du Haut-Maine. — Nouvelle édition augmentée. — *Le Mans et Paris,* 1859, in-8°.

1436. — POITETIN-PEITAVI. — Mémoire pour servir à l'histoire des Jeux Floraux... — *Toulouse, Dalles,* 1815, in-8°.

1437. — [RŒDERER, d'après Barbier]. — Le budget de Henri III ou les premiers états de Blois, par le comte A... — *Bossange,* 1830, in-8°.

1438. — ROUSSEL (Napoléon). — Élans de l'âme vers Dieu. — *Paris, Ducloux,* 1852, in-8°.

1439. — SAINT-GERMAIN (Dr Bertrand DE). — La psychologie morbide dans ses rapports avec la philosophie de l'histoire, par le Dr Moreau. Examen critique. — *Paris, Baillière,* 1860, in-8°. Pièce.

1440. — Techener. — Onzième catalogue de livres anciens et modernes, provenant de la librairie de J.-Joseph T..., père... — *Paris, J.-Léon Techener et A. Aubry,* 1866, in-8°.

IXe Section.

Autographes, Chartes, Portefeuilles.

1441. — Autographes :

1° Lettre autographe signée de Michel de Montaigne. — *Orléans,* 16 février 1588.

C'est la lettre dont Guibert de Pixérécourt contesta à tort l'authenticité parce qu'elle contient le mot *passeport*.

2° Quittance donnée par Étienne DE LA BOETIE (le dernier jour de janvier 1555) avec sa signature autographe et cette apostille de sa main : « Pour servir de quitance de la somme de vingt livres parisis pour demie année de la Tournelle. E. de La Boëtie. »

3° Discours autographe en latin et signé de JUSTE LIPSE (1592).

1442. — Autographes et fac-simile :

Acte signé par François DE MONTAIGNE, frère de Michel, secrétaire de Catherine de Médicis. 27 mai 1580.

Lettre de Catherine de Médicis, signée d'elle et contresignée par François DE MONTAIGNE, à M. de Rambouillet. Saint-Germain-en-Laye, 17 janvier 1574.

Signatures de Michel DE MONTAIGNE, autographes, lithographiées et calquées. Calques de M. Gustave Brunet.

Empreintes du cachet de Montaigne.

Études sur l'écriture et les signatures de Michel de Montaigne, de Mlle de Gournay et de Françoise de La Chassaigne.

Fac-similé de la page écrite par Montaigne sur l'exemplaire des Commentaires de César, de ses annotations sur Beuther, et de ses lettres autographes appartenant à MM. Dubois, Feuillet de Conches (aujourd'hui à la Bibliothèque nationale), à la Bibliothèque de Bordeaux, à la collection Dupuy (Bibliothèque nationale), à Mme de Castellane.

Quittances et actes originaux d'Ogier DE GOURGUES et de ses descendants, de Jean et de Guillaume DE GADAIGNE et d'Éléonore DE MONTAIGNE.

Fac-similé de la remontrance adressée au roi de Navarre par la mairie de Bordeaux en 1582; de l'écriture de Mlle de La Chassaigne et de Mlle de Montaigne.

Portraits de Guillaume et Philippe de Gamaches.

Lettre autographe du comte de Cayeu-Gamaches. Sedan, 1ᵉʳ septembre 1679.

Actes originaux divers, relatifs à :

Louis et Claude-Madeleine de Lur-Saluces ;

Alexandre et Marie-Angélique de Ségur-Montaigne ;

Michel, François, Auguste, Charles, Vallerio et Adam de Saluces ;

Guillaume de Lur.,

Portraits de Jean, Henri et Louis de Chasteigner.

Portraits de la vénérable Jeanne de Lestonnac.

Deux lettres autographes du général Beauchartie de Beaupuy.

Charte signée par Arnault de Beaupuy.

Actes de Henri, Joseph, Raymond, Jean-Jacques, Guillaume, Gabriel et François de Montaigne.

Lettre de Henri III, alors duc d'Anjou, signée, aux consuls de Limoges. Tours, 23 août 1569.

Actes relatifs à la terre de La Montaigne.

Actes de Simon, Vincent et Charles de La Montaigne.

Bail de la seigneurie de Montaignac.

Pièces relatives à la seigneurie de La Hontan.

Vues lithographiées et gravées, croquis du Castelet de La Boëtie.

Fac-similé de la signature de La Boëtie.

Quittances originales de Henri, Gabriel et Jean-Jacques DE MESMES.

Actes signés par François D'ESCARS, 12 mai 1587; par Anne D'ESCARS, cardinal de GIVRY, 24 décembre 1538; et par Claude D'ESCARS, cardinal de GIVRY, 28 septembre 1606.

Portraits de Mlle de Gournay. Fac-similé de sa signature et de son écriture. Annotations autographes de sa main sur un exemplaire de Virgile (p. 49 et 70).

Actes originaux de Balthazar, Jean-Christophe et Jacques DE GOURNAY et de Claude DE BUCY.

Fac-similé d'une lettre de Juste Lipse et d'une de Pierre de Brach.

Lettres originales de MM. DE CERVAL, Jules DELPIT, FEUILLET DE CONCHES, Alexis DE GOURGUES, P. JANNET, Achille JUBINAL, LAVERDET, DE REIFFENBERG et TILLIARD.

Portraits et lettres autographes des personnages dont les noms suivent (1) :

BASTIDE (1 portrait — 1 lettre).
BIOT (1 portrait — 1 lettre).
BOUHIER (le président) (1 portrait — 2 lettres).
BOURDIC-VIOT (Mme Henriette) (1 portr. — 2 let.).

---

(1) On a maintenu l'ordre dans lequel ils sont conservés.

Bayle-Saint-John (2 lettres).
Buchanan (Georges) (2 portraits).
Coste (Pierre) (1 portrait — 1 lettre).
Droz (Joseph) (1 portrait — 1 lettre).
Estienne (Robert) (1 portrait).
Florio (John) (1 portrait. — 1 lettre).
François de Neufchateau (2 portraits — 3 lettres).
Gence (1 lettre).
Guizot (3 portraits — 1 lettre).
Jay (2 portraits — 2 lettres).
Martin (Louis-Aimé) (1 portrait).
Naigeon (1 lettre).
Nodier (Charles) (1 portrait).
Servan (1 lettre).
Querlon (Meunier de) (1 p. — 1 l. — 2 pièces).
Villemain (2 portraits — 2 lettres).
Saint-Pierre (Bernardin de) (1 pièce).
Bernis (Cardinal de) (1 portrait — 1 lettre).
Expilly (Claude) (1 portrait — 1 lettre).
Florimond de Raymond (1 portrait — 1 calque).
Grégoire (l'abbé) (1 lettre).
Hardion (1 lettre).
Hérault de Séchelles (1 portrait — 1 lettre).
Mangin (l'abbé) (1 lettre).
Piron (Alexis) (1 portrait — 1 lettre).
Pixérécourt (Guibert de) (1 portrait).
Ribaillier (l'abbé) (1 lettre).
Tabourot (1 portrait).
Payen (Dr J.-F.) (1 portrait).

1443-1449. — Collection de pièces diverses telles

que quittances, lettres originales, copies ou extraits, portraits des personnages dont les noms suivent :

Tome I (1443).

1. — ABANYE (Léonore d'). — Quittance du 2 juillet 1560.

2. — ABELLY (F.-Antoine). — Quittance du 14 août 1570.

3. — Agnès SOREL.

4. — AKAKIA (Martin). — Quittance du 18 novembre 1585.

5-7. — ALBE (Ferdinand Alvarez DE TOLÈDE, duc D'). — Lettre, signée, au sieur de La Coute. Bruxelles, 20 juillet 1570. Cachet.

8-11. — ALBERT VII, souverain des Pays-Bas. — Lettre, signée, au sieur de Guernonval (Bruxelles, 13 mars 1603, cachet).

12-17. — Claire-Isabelle-Eugénie, femme d'Albert VII. — Lettre autographe, signée, en espagnol, à la duchesse de Brunswick. Bruxelles, 25 avril 1609.

Lettre, signée, au sieur de Guernonval. Bruxelles, 2 décembre 1627.

18. — ALBRET (Alain d'). — Lettre, signée, à Mgr de la Romagne. (s. d.)

19-25. — HENRI II, roi de Navarre. — Lettre, signée, à M. du Lude. Nérac, 7 février 1548.

Lettre, signée, avec la souscription autographe, au cardinal de Lorraine. Pau, 28 décembre 1549.

26-32. — ALBRET (Familles d') et DE PONS :

ALBRET (Jean d'), comte DE RETHEL. — Quittance du 26 août 1506.

PONS (Antoine de). — Quittance du 31 décembre 1578.

PONS (Henri d'Albret, seigneur de), baron de MIOSSANS. — Signature au bas d'un acte du 15 octobre 1609.

PONS (Louise de). — Quittance du 12 juillet 1601.

PONS (Antoinette de), marquise DE GUERCHEVILLE. — Quittance du 31 décembre 1623.

ALBRET (Marie d'), fille de Jean d'Albret, comte de Rethel. — Signature.

33-36. — ALBRET (Jeanne d'), mère de Henri IV. — Lettre autographe, signée, au roi, s. d.

37-45. — ALENCON (François DE FRANCE, duc d'), quatrième fils de Henri II. — Lettres patentes, signées, octroyées à Bussi d'Amboise. Alençon, 5 novembre 1579.

46-50. — AMIOT (Jacques). — Quittance du 20 juillet 1570.

51-53. — ANCRE (Concino CONCINI, maréchal d'). — Signature au bas d'un compte du 10 janvier 1608. Quittance du 30 juin 1616.

54-65. — ANGENNES (Nicolas D'). — Quittances du 20 août 1565 et du 31 décembre 1583.

ANGENNES (Jean d'). — Quittance du 31 décembre 1572.

ANGENNES (Philippe d'). — Quittances du 15 juillet 1575, du 12 décembre 1582 et du 31 juillet 1583.

ANGENNES (Charles et Françoise d'). — Signatures au bas d'un contrat du 18 janvier 1605. Signatures de Charles au bas de contrats du 23 juin 1607 et du 20 juillet 1620.

66. — ANGOULÊME (Diane d'), fille de Henri II et de Philippe Duc.

67. — ANGOULÊME (Marguerite d'), reine de Navarre.

68-72. — ANGOULÊME (Charles DE VALOIS, duc d'), fils de Charles IX et Marie Touchet. — Lettre, signée, au duc de Lorraine. Du 27 août 1625.

73-74. — ANGOULÊME (Charlotte DE MONTMORENCY, duchesse d'), femme du précédent.

75. — ARIOSTO (Lodovico).

76. — ARMAGNAC (Cardinal George d'). — Quittance. Rome, 20 juillet 1545.

77-79. — ARNAULD (Antoine). — Quittance du 31 mars 1609.

80. — AUBÉPINE (Sébastien de L'). — Certificat. Madrid, 8 juillet 1561.

81-84. — AUBÉPINE (Guillaume et Élisabeth de L'). — Contrat de mariage d'Élisabeth. 11 février 1607.

85. — Aubeterre (François d'). — Contrat. 7 octobre 1606.

86. — Androuet du Cerceau. — Contrat. Chatellerault, 30 juillet 1651.

87-91. — Aumont (Le maréchal Jean d'). — Quittance du 31 décembre 1590.

Signature au bas d'un contrat du 12 novembre 1586 et d'un autre du 8 mars 1586.

92-116. — Babou (Jean), seigneur DE LA BOURDAISIÈRE. — Quittances du 15 janvier et du 10 mars 1568.

Quittances de Françoise ROBERTET, mère d'Isabelle Babou. 25 mars et 8 juillet 1577.

Quittances de Philibert, cardinal DE LA BOURDAISIÈRE, 31 janvier 1569; de la sœur Marie DE BEAUVILLIERS, 10 juin 1603 et 26 janvier 1622; de Claude DE BEAUVILLIERS, 26 mai 1576.

Signatures de Georges BABOU DE LA BOURDAISIÈRE au bas de contrats du 29 mars 1599 et du 7 mars 1600.

Quittance de Diane DE LA MARCK, comtesse DE SAGONNE, veuve de Jean Babou (27 octobre 1621).

Signature d'Isabelle Babou sur un contrat du 2 avril 1601 et de Catherine DE VIVONNE, femme de Charles d'Angennes, sur un contrat du 11 avril 1614, et un autre du 25 janvier 1606.

Signature de Diane DE VIVONNE sur un contrat du

30 juillet 1601. Quittance de la même, du 16 janvier 1607.

Quittances de Jean DE VIVONNE : du 18 avril 1577, du 16 septembre 1576 et du 5 septembre 1599.

Quittance de Charles DE VIVONNE. 11 novembre...

117-118. — BAÏF (Lazare de). — Lettre, signée, avec la souscription autographe à Mgr d'Auxerre, ambassadeur du Roi, à Rome. — Venise, 13 janvier 1532.

Cette lettre appartient au volume 265 de la collection Dupuy, auquel elle avait été soustraite.

119-120. — BAILLET (André), seigneur DE TRESMES. — Quittances du 28 mars 1581.

121. — BAILLY (Antoine). — Quittance du 1er juin 1601.

122-133. — BALZAC (Charles de) D'ANTRAGUES. — Signature au bas d'un contrat (novembre 1596).

Quittance du 30 octobre 1588.

Signature d'Hélène BONNE, sa femme (3 août 1595).

Signatures de Charles DE BALZAC et d'Étienne PASQUIER sur un contrat du 20 juin 1605; de Nicolas DE BALZAC sur un autre du 25 juillet 1603.

BALZAC (Thomas de). — 9 février 1568.

BALZAC (Catherine de). Quittance du 15 juillet 1611. Quittance d'Esme STUART, son mari. 15 août 1580.

134. — Barrau (Arnaud de). — Quittance du 12 février 1549.

135. — Barrault (Emery de). — Quittance du 17 mai 1603.

136-143. — Bassompierre (Christophe de). — Quittance du 23 mai 1570.

Bassompierre (François de), maréchal de France. — Signatures de François et de Jean. Quittances de François, du 10 juillet 1620 et du 24 août 1626.

Tanneguy le Veneur, seigneur de Carrouges. — Certificat du 18 janvier et quittance du 4 mai 1569.

Bassompierre (Henriette de). — Signature au bas d'un contrat du 22 octobre 1605.

144-147. — Baude (Dominique). — Pièce de vers latins, signée.

148. — Bauge (Jean). — Quittance du 20 mars 1522.

149. — Baume (Pierre de La), évêque de Saint-Flour. — Quittance du 5 juin 1584.

150-151. — Bayard (le chevalier).

152. — Beaufort et Jean de Hériot. — Quittance du 30 juin 1581.

153. — Beaumanoir (Charles de), baron de Lavardin. — Charte du 27 mai 1561.

154-155. — BEAUNE (Guillaume de). — Ordre de paiement. 10 août 1570.

156-162. — BEAUNE (Regnault de), archevêque de Bourges. — Signature au bas de contrats du 20 février 1599, du 24 avril 1594 et de 1595. Quittance du 12 février 1596.

163-172. — BEAUNE (Charlotte de), maîtresse de Henry IV. — État des comptes et recettes de ses fermages, signé par elle. 8 février 1605.

173. — BEC (Philippe du), archevêque et duc DE REIMS.

174-182. — BELLAY (Martin du), prince d'YVETOT. — Pétition, signée, au cardinal de Lorraine. 13 octobre 1557.

Chartes du 20 janvier 1549 et du 20 novembre 1555.

BELLAY (Guillaume du). — Quittance du 9 décembre 1541.

183. — BELLAY (René du), baron DE LA FLOTTE. — Quittance du 24 octobre 1596.

184-191. — BELLEGARDE (César de). — Signature sur un contrat du 14 juin 1587.

BELLEGARDE (Jean de). — Quittance du 30 septembre 1584.

BELLEGARDE (Roger de), maréchal de France. — Quittance du 1er juin 1575.

Bellegarde (Roger de), grand écuyer de France. Quittance du 30 juin 1608. Signature sur un contrat du 2 août 1608.

Bueil (Anne de), femme du précédent. — Signature sur un contrat du 21 juillet 1609.

192-195. — Bellièvre (Pompone de), chancelier de France. — Quittance du 3 juillet 1603.

Signatures de P. de Bellièvre et de M. de Béthune, duc de Sully. 20 octobre 1603.

196. — Bertaut (Jean). — Quittance du 30 juin 1603.

197-198. — Bertrand (Jean), cardinal-archevêque de Sens, chancelier de France. — Ordres de paiement du 2 octobre 1551 et du 1er avril 1558.

199-202. — Bérulle (Cardinal Pierre de). — Quittances du 26 mai et du 6 février 1618.

Acte d'union entre les maisons d'Aix et de France de la Congrégation de l'Oratoire, signé par lui. 21 septembre 1619.

203. — Berziau (Marie). — Acte de procuration. 15 mars 1584.

204. — Bex (Louis du). — Quittance du 17 octobre 1582.

205-208. — Bèze (Théodore de). — Convention signée par lui. 16 décembre 1598.

209-224. — Birague (René de), cardinal, chancelier de France. — Quittances du 6 juillet 1574 et du 30 juin 1578.

Lettre, signée. Poitiers, 27 juillet 1562.

BIRAGUE (André de), frère du précédent. — Quittance du 25 septembre 1568.

BIRAGO (Biagio). — Quittance du 13 juin 1573.

BIRAGUE (Charles de). — Quittance du 25 janvier 1582.

BIRAGUE (Philippe de). — Quittance du 25 mai 1609.

BIRAGUE (Ludovic de). — Quittance du 31 décembre 1585.

BIRAGUE (Laura DE SAINT-MARTIN et FAURIA, dame DE). — Quittance du 6 avril 1583.

225-233. — BIRON (Armand GONTAUT DE), maréchal de France. — Quittance du 7 mai 1590.

234-235. — BIRON (Charles GONTAUT DE), maréchal de France, décapité en 1602.

236. — BOCHETEL (Bernard), évêque de Rennes. — Quittance du 24 mars 1565.

237. — BON (Claude-Antoine). — Quittance du 21 avril 1585.

238-240. — BONGARS (Jacques de). — Lettre, signée, au duc de Bouillon, maréchal de France. Francfort, 4 nov. 1596.

241-244. — BORROMÉE (Saint Charles). — Lettre, signée : *Il cardinale di Sta Prassede*, avec la souscription autographe, à Ceccarelli. Groppello, 19 novembre 1552.

245-246. — BOTAL (Léonard). — Quittances de 1573 et du 6 janvier 1581.

247-257. — BOURBON (Antoine de), roi de NAVARRE. — Lettre, signée, à M. de Thignonville (Paris, 21 février 1556).

Lettres patentes du 17 juillet 1556, signées par Antoine et Jeanne D'ALBRET.

258-261. — BOURBON (Catherine de), princesse DE NAVARRE, sœur de Henri IV. — Signature sur un contrat du 30 juillet 1601.

262-266. — BOURBON (Louis Ier de), prince DE CONDÉ. — Quittance du 1er mai 1548.

267-273. — BOURBON (Henri Ier de), prince DE CONDÉ. — Lettres patentes du 5 novembre 1570, datées de La Rochelle et signées par Henri de NAVARRE (HENRI IV) et Henri DE CONDÉ.

BOURBON (Henri II de), prince DE CONDÉ.

Charlotte-Catherine DE LA TRÉMOILLE, sa femme. — Lettre, signée, du 6 mars 1603.

274-278. — BOURBON (Charles, cardinal de) et Charles, cardinal DE LORRAINE. — Lettres patentes, signées, du 3 septembre 1569. — Quittance du cardinal DE BOURBON (d'abord cardinal DE VENDÔME, qui succéda à son oncle en 1590). Du 3 février 1594.

279-282. — BOURBON (Henri II de), prince DE CONDÉ. — Quittances du 22 février 1611 et du 9 octobre 1628.

283-287. — BOURBON (Charles de), comte DE SOISSONS, fils de Louis Ier de Condé. — Quittance du 27 février 1590.

Signature de Françoise D'ORLÉANS, comtesse DE SOISSONS, au bas de contrats du 1er juillet 1591 et du 29 mai 1597.

288-291. — BOURBON (Louis de), duc DE MONTPENSIER. — Quittances du 22 juillet 1573 et du 1er avril 1574.

Quittance donnée par Jacquette DE LONGWY, sa première femme, le 24 février 1559.

292-294. — BOURBON (François de), prince D'AUVERGNE, plus tard duc DE MONTPENSIER. — Quittance du 4 septembre 1573. — Lettres, signées, du 30 avril 1585 au sieur de Florat et du 23 juin 1601 à M. de Matignon.

295. — BOURBON (François de), prince DE CONTI, frère de Henri Ier de Condé. — Quittance du 16 octobre 1591.

296-298. — BOURBON (Anne de), fille de Louis II, duc de Montpensier. — Quittance du 2 janvier 1564.

Lettre, signée, avec souscription autographe, à l'ambassadeur d'Espagne. Paris, 12 avril 1562.

299. — BOURBON (Jeanne de), fille de Louis II, duc de Montpensier. — Quittance du 1er octobre 1588.

300. — BOURBON (Louise de), fille de Louis II, duc de Montpensier. — Quittance du 14 juillet 1581.

301-302. — BOURBON (Françoise de), duchesse DE BOUILLON, fille de Louis II. — Quittance du 31 décembre 1583.

Acte au nom de ses fils Robert et Jean de Lamarck, contresigné par eux. 12 septembre 1581.

303-307. — BOURBON (Henri de), duc DE MONTPENSIER, fils de François. — Lettre, signée, avec souscription autographe, aux Trésoriers généraux des finances à Caen.

Quittance du 31 juillet 1598.

308-311. — BOURBON (François de), prince DE CONTI.

Jeanne DE COCESME, sa femme.

BOURBON (Charles de), cardinal DE VENDÔME, plus tard cardinal DE BOURBON.

312. — BOURDIN (Jacques). — Pièce autographe, signée. Saint-Germain-en-Laye, 19 août 1555.

313-315. — BOURGUEVILLE (Charles de). — 1570.

316. — Boysy (Mgr le grant maistre de).

317-323. — Brach (Pierre de). — Fac-simile d'une lettre à Juste Lipse. Bordeaux, 4 janvier 1593.

Lettre autographe de M. R. Dezeimeris à M. J.-F. Payen. Bordeaux, 23 juin 1859.

324-334. — Brantôme (Pierre de Bourdeille, seigneur de). — Vues et croquis de son château.

335. — Brissart (Olivier de). — Quittance du 9 avril 1583.

336-338. — Brunswick (Éric, duc de), dit *le Jeune*, général de Charles-Quint et de Philippe II. — Lettre autographe, signée, en espagnol, à sa femme. Lantstrost, 21 février 1577. Cachet.

339. — Buchanan (George).

Tome II (1444).

340-346. — Calignon (Soffrey de), chancelier de Navarre. — Signatures au bas de contrats du 19 mai 1601 et du 13 janvier 1606.

Quittance du 30 juin 1601.

347-349. — Calvin (Jean), réformateur. — Lettre autographe, signée, à Pierre Martyr. 3 mai 1560.

Cette lettre appartient au volume 102 de la collection Dupuy, auquel elle avait été soustraite.

350-353. — Camerarius (Philippe), ami intime de Melanchthon. — Lettre autographe, signée, en latin, s. d.

CAMERARIUS (Jodocus). — Quelques lignes et son nom sur une feuille.

CAMERARIUS (Joachim). — Quelques lignes et sa signature sur un coupon.

354. — CANAYE (Jacques), jurisconsulte, réformateur de la Coutume de Paris.. — Signature au bas d'un contrat.

355. — CARDILLAC (Corberand de). — Quittance du 2 mars 1578.

356. — CARLES (Lancelot de), évêque de Riez. — Quittance du 10 avril 1568.

357. — CARON (Antoine), peintre. — 1592.

358. — CARRAFA (Don François-Marie), duc D'ARIANO. — Quittance du 4 octobre 1567.

359-360. — CAZAUBON (Isaac), théologien protestant. — Quittance du 5 octobre 1610.

Lettre autographe, signée, en latin, aux frères Molé. Paris, 17 septembre 1603.

361-362. — CASTELNAU (Michel de), seigneur DE MAUVISSIÈRE. — Quittance du 12 décembre 1571.

363-378. — CATHERINE DE MÉDICIS, femme de Henri II.

Portrait de Mlle de Limeuil, sa fille d'honneur.

Lettres patentes de HENRI II, du 20 janvier 1553, à son Trésorier général de Montpellier.

Quittance donnée par CATHERINE DE MÉDICIS, le 20 octobre 1580.

Lettre autographe, signée, à La Môle, s. d.

Lettre autographe, signée, à la reine de Navarre. 3 janvier 1571.

379. — CAUMARTIN (Jean LEFÈVRE DE). — Quittance du 27 janvier 1578.

380. — CHABANNES (Charles de), seigneur DE LA PALISSE. — Quittance du 5 mai 1547. Cachet.

381. — CHABANNES (François de), marquis DE CURTON, comte DE ROCHEFORT.

382. — CHABOT (Philippe), seigneur DE BRION, amiral de France. — Quittance du 4 août 1526.

383. — CHABOT (Paul), seigneur DE CLERVAULX. — Quittance du 14 juillet 1548.

384. — CHABOT (Léonor), comte DE CHARNY. — Quittance du 4 juillet 1573.

385. — CHAMBRE (François DE LA), baron D'AIX. — Quittance du 8 mars 1573.

386-396. — CHARLES IX, roi DE FRANCE.

Lettre autographe, signée : ALEXANDRE, comme il signait quelquefois dans sa jeunesse, à la reine-mère, Catherine de Médicis, s. d.

Lettres patentes du 1er mars 1570, du 22 avril 1571, du 9 avril 1572.

397-402. — Charles-Quint, empereur, et roi d'Espagne.

Lettre, signée, en espagnol, au roi de Sardaigne Emmanuel-Philibert. Bruxelles, 2 août 1553.

Lettre autographe, signée, en français. 20 avril...

403. — Charron (Pierre), philosophe.

404. — Chateaubriand (Jean de). — Charte du 20 août 1577.

405. — Chateaubriand (Madame de), maîtresse de François Ier.

406. — Choiseul (Ferry de), sieur du Plessis-Praslin. — Quittance du 4 décembre 1608.

407-410. — Choiseul (Charles de), sieur de Praslin. — Quittance du 15 janvier 1601.

Signatures au bas de contrats (1589 et 29 mai 1587).

411-412. — Choiseul-Beaupré (de). — Lettre, signée, du 25 septembre 1587, au comte de Brienne.

413. — Clausse (Cosme), évêque et comte de Chalons. — Quittance du 21 février 1585.

414-416. — Clément VII, pape (Jules de Médicis).

Lettre, signée, en italien, à Paul Vettorio. Florence, 4 mai 1522. Cachet.

Pièce, deux fois signée, en latin, et contresignée par le cardinal Spinola. Rome, 18 novembre 1528.

417-418. — CLÉMENT VIII, pape (Hippolyte Aldobrandini). — Lettre, signée, avec souscription autographe, au cardinal de Florence, légat en France. Ferrare, 1er avril 1598. Cachet.

419-420. — CLERMONT (Louise de). — Signature au bas d'un contrat (1581).

421. — CLÈVES (François de), duc DE NEVERS. — Signature au verso d'une quittance du 29 septembre 1552.

422. — COGORDAN (Ponce), jésuite. — Quittance du 1er décembre 1578.

423. — COLIGNY (Charles de), marquis D'ANDELOT.

424-431. — COLIGNY (Gaspard de), amiral de France.

Lettre autographe, signée... 1555. Cachet.

Quittance du 15 avril 1561.

432-433. — COLIGNY (François de), seigneur D'ANDELOT, frère de l'amiral. — Quittance du 7 septembre 1557.

434. — COLIGNY (François de), comte DE CHATILLON, fils aîné de l'amiral. — Quittance, avec souscription autographe, du 8 septembre 1583.

435. — COLIGNY (Charles de), seigneur D'ANDELOT, deuxième fils de l'amiral. — Signature au bas d'un contrat du 11 mars 1596.

436. — Chatillon (Jacques de). — Quittance du 24 novembre 1560.

437-438. — Dally (Marguerite), veuve de François de Coligny. — Sa signature et celle de Charles d'Andelot au bas d'un contrat du 13 août 1595.

Quittance de Marguerite Dally du 31 décembre 1601.

439. — Combault (Robert de). — Quittance du 7 août 1568. Cachet.

440. — Commines (Philippe de), seigneur d'Argenton.

441. — Cornilhan (Jacques de), évêque de Rodez. — Charte du 11 janvier 1576.

442-443. — Cotton (Pierre), jésuite.

444. — Cotton (Charles).

445. — Cousin (Victor), philosophe.

446-452. — Crillon (Louis Berton de), dit *le Brave*. — Quittance du 6 novembre 1580.

453-455. — Crussol (Antoine de). — Quittance du 30 mai 1567.

Crussol (Jacques de), duc d'Uzès. — Quittance du 12 novembre 1576.

Quittance signée par Louise de Clermont, duchesse d'Uzès, 20 septembre 1573.

Voyez plus haut nos 419-420.

456. — Daillon (Jean de), comte du Lude. — Charte du 10 septembre 1556.

457-458. — Daillon (René de). — Quittance du 17 avril 1585.

Signature et quelques lignes autographes. 6 janvier 1596.

459-462. — Dannet (Pierre), seigneur des Marets. — Quittances du 25 juin 1586 et du 26 mai 1587.

Marthe de Saint-Symon, veuve de Pierre Dannet. — Quittance du 16 février 1602.

463-464. — Delbène. — Lettres patentes, signées par Henri IV le 26 février 1593, où il est question d'un sieur d'Elbène, gentilhomme ordinaire de sa chambre.

Quittance, signée par Marillac, archevêque de Vienne, le 1er octobre 1560, mentionnant un Delbène, général des finances de France en Italie.

465-468. — Delbène (Alphonse), évêque d'Alby. — Lettre autographe, signée, à son Altesse... Philendorf, 4 mars 1606.

469-471. — Elbène (Le comte d'), ambassadeur de France en Italie.

Signatures au bas de contrats du 29 décembre 1609, du 18 juin 1596.

472. — Elbène (Alexandre d'). — Signature sur un acte du 7 juillet 1582.

473. — Desportes (Philippe), poète. — Signature découpée.

474. — Desrousseaux (Jean), médecin du roi. — Quittance du 8 novembre 1565.

475-488. — Diane de Poitiers, duchesse de Valentinois, maîtresse de Henri II.

Croquis du château d'Anet.

Lettre autographe, signée, au cardinal de Lorraine. 11 mars 1557.

489. — Dumaurier. — Lettre, signée, à M. du Plessis. Saint-Denys, 4 août 1593.

490. — Dumaurier. — Lettre autographe, signée, à M. de Tercy ... Septembre 1638.

491-494. — Duprat (Antoine), cardinal-archevêque de Sens, chancelier de France. — Quittance du 12 mai 1525.

Ordre de paiement du 9 octobre 1530.

495-497. — Dupuy (Pierre), garde de la Bibliothèque du roi. — Lettre autographe, signée, à M. Godefroy, s. d.

498. — Dupuy (Henri). — Lettre autographe, signée, en latin, à Bartholino. Leipzig, 22 mai 1607.

499. — Duret (Louis), médecin du roi. — Quittance du 16 janvier 1572.

500. — Duval (Élisabeth).

501-502. — Duvergier de Hauranne, abbé de Saint-Cyran.

503-504. — Ehrmius (Christophe). — 1585. Signature découpée.

505-507. — Elbeuf (Charles de Lorraine, duc d'). — Signatures au bas de contrats du 29 mars 1584.

508-510. — Elbeuf (Charles de Lorraine, duc d'), fils du précédent.

Lettre autographe, signée, à MM. les Trésoriers de la Généralité de Caen. Elbeuf, 25 novembre 1609.

Quittance, avec souscription autographe, du 16 novembre 1620.

511. — Éléonore d'Autriche, reine de France, deuxième femme de François Ier.

512-516. — Élisabeth d'Autriche, reine de France, femme de Charles IX.

517-522. — Élisabeth, reine d'Angleterre. — Lettre, signée, au prince de Navarre (Henri IV). Windsor, 3 octobre 1570. Cachet.

523-524. — Élisabeth de France, fille de Henri II, reine d'Espagne. — Lettre autographe, signée, à Charles IX, son frère. 29 mars..,

525-526. — EMBRY (Artus THOMAS d').

527-537. — ÉPERNON (Jean-Louis DE NOGARET DE LA VALETTE, duc d'), amiral de France. — Quittances du 12 janvier 1632 et du 17 janvier 1631.

Lettre autographe, signée, à Mgr l'évêque de Luçon (Richelieu). 31 décembre 1621.

538. — ÉPINAC (Pierre d'), archevêque et comte DE LYON, primat de France. — Quittance, avec souscription autographe, du 8 avril 1585.

539-541. — ÉPINAY (François d'), seigneur DE SAINT-LUC. — Quittances du 20 octobre 1583 et du 31 décembre 1594.

542. — ESSARTS (Charlotte DES), dame DE ROMORANTIN, maîtresse de Henri IV. — Quittance, avec souscription autographe, du 28 juillet 1611.

543. — ESTE (Isabelle d'), fille d'Hercule Ier d'Este, duc de Ferrare. — Lettre autographe, signée, en italien, à Lucrèce d'Este. Modène, 22 avril 1483.

544-547. — ESTE (Alphonse Ier d'), duc DE FERRARE. — Lettre autographe, signée, en italien, à Strozzi. Ferrare, 11 janvier 1524.

Charte du 24 février 1506.

ESTE (Alphonse d'), fils du précédent. — Lettre, signée, en italien. Ferrare, 10 juillet 159...

548. — Este (Hercule II d'), duc de Ferrare, fils et successeur d'Alphonse Ier. — Décret, signé, du 23 août 1535.

549-552. — Este (Alphonse II d'), duc de Ferrare, fils du précédent. — Sa signature en tête d'un acte latin contresigné par Guarini. Ferrare, 15 juillet 1587.

553-554. — Este (Marguerite de Gonzague, duchesse d'), troisième femme d'Alphonse II. — Lettre, signée, en italien. Mantoue, 7 juin 1608. Cachet.

555. — Este (Hippolyte d'), cardinal de Ferrare. — Quittance du 29 septembre 1548.

556-557. — Estienne (Henri). — Lettre autographe, à Adrien Turnèbe. 4 mars 1560.

558. — Estissac (Bertrand, baron d'). — Charte du 18 janvier 1519.

559-561. — Estrées (Jean d'). — Charte du 1er janvier 1552. — Lettre, signée, au duc de Guise. Château-Thierry, 4 octobre 1557.

562-563. — Estrées (Antoine d'), fils du précédent, marquis de Cœuvres. — Signature au bas d'un acte du 21 janvier 1589.

564-568. — Estrées (Gabrielle d'), duchesse de Beaufort, maîtresse de Henri IV.

Voy. plus bas n° 579.

569-570. — ESTRÉES (Marguerite d'), sœur de Gabrielle. — Signature au bas d'un contrat du 25 janvier 1592.

Signature de Marie Gaudin. 28 janvier 1592.

571. — ESTRÉES (Annibal d'), marquis DE CŒUVRES, frère de Gabrielle. — Quittance, avec souscription autographe, du 27 juin 1613.

572-573. — ESTRÉES (Diane d'), sœur de Gabrielle. — Signature au bas d'un contrat du 14 septembre 1595.

574-575. — CÉSAR DE VENDÔME, fils de Gabrielle et de Henri IV. — Quittance, avec souscription autographe, du 31 décembre 1622.

Lettre, signée, au sieur de Saint-Georges. Blaye, 18 mars 1653. Cachet.

576-578. — JEAN DE MONTLUC, mari de Diane d'Estrées. — Quittance du 20 mai 1603.

GABRIEL DE MONTLUC, fils du précédent. — Signature au bas d'un acte du 8 octobre 1616, qui porte aussi la signature de sa mère, Diane d'Estrées.

579-583. — ESTRÉES (Gabrielle d'). — Signature au bas d'un acte du 27 janvier 1599.

ESTRÉES (Angélique d'), sœur de Gabrielle. — Signature au bas d'un acte du 31 juillet 1601.

Quittance du 5 décembre 1594.

584-590. — FABRE (Marie-Jacques-Joseph-Victorin), poète. — Lettre autographe, signée, à M. Tissot. Paris, 13 août 1829.

FABRE (Auguste), frère du précédent. — Deux lettres autographes, signées, à M. Tissot. Paris, 3 et 10 décembre 1832.

591-597. — FARNÈSE (Alexandre), duc DE PARME et DE PLAISANCE, petit-fils de Charles-Quint. — Lettres, signées, à M. de La Motte, du 1er octobre 1578 et du 26 novembre 1580. Cachets.

Lettre, signée, du 22 août 1587. Cachet.

598. — FAY (Claude du). — Quittance du 31 décembre 1575.

599-602. — FERDINAND Ier, empereur D'ALLEMAGNE. — Acte, en allemand, signé. Budweiss, 18 janvier 1570.

603. — FÉRONIÈRE (La Belle), maîtresse de François Ier.

604-605. — FERTÉ-IMBAULT (Marie-Thérèse GEOFFRIN, marquise de LA). — Lettre autographe. Paris, 27 mars...

606-608. — FIESCO (Francesco). — Lettre, signée, en italien, au duc et aux gouverneurs de Gênes. 16 septembre 1582.

Sa signature et celle d'Annibal D'ESTRÉES au bas d'un contrat du 5 avril 1599.

609. — Fiesco (Scipione). — Charte du 1ᵉʳ avril 1585.

610. — Florenge (Mᵍʳ de).

611. — Florio (John), traducteur anglais de Montaigne.

612. — Flory (Nicolas), chirurgien au camp du roi. — Quittance du 27 février 1576.

613. — Foix (François de), évêque d'Aire.

614-615. — Foix (Jean-Frédéric de), comte DE Gurson.

Signature au bas d'un contrat du 17 octobre 1608.

Quittance du 30 septembre 1615 (n° 629).

616-623. — Foix (Gaston de) DE Candalle, seigneur DE Villefranche. — Signatures au bas d'un contrat du 17 avril 1614, avec quelques mots autographes et d'une déclaration du 25 avril 1616.

624-625. — Foix (Henri de) DE LA Valette, comte DE Candalle, captal DE Buch et duc DE Hallwyn. — Quittance du 30 juin 1615.

626. — Foix (André de), seigneur D'Asparros. — Certificat du 12 octobre 1515.

627. — Foix (Odet de), seigneur DE Lautrec, maréchal de France.

Ordre de paiement du 27 février 1519.

628. — Foix (Paul de). — Signature au verso d'une quittance du 30 septembre 1572.

629. (Voyez plus haut, n⁰ˢ 614-615.)

630. — Fortuné (Baptiste). — Quittance du 31 mars 1598.

631-648. — François Ier, roi de France. — Mandement à Jean Laguette, receveur général des finances. Fontainebleau, 22 juin 1540.

Mandement à Jean Duval, trésorier de son épargne. Pontlevoy, 27 avril 1541.

Mandement aux trésoriers de France. 16 avril 1544.

649-653. — Claude de France, reine de France, première femme de François Ier. — Mandement à Jacques Hurault, son trésorier. Paris, 4 août 1519.

654-655. — Éléonore d'Autriche, reine de France, deuxième femme de François Ier.

Voy. plus haut, n⁰ 511.

656. — François de France, dauphin de Viennois, duc de Bretagne, fils aîné de François Ier. — Quittance du 18 mars 1533.

657-664. — François II, fils de Henri II, roi de France. — Mandement au trésorier ordinaire des guerres. Orléans, 11 novembre 1560.

Mandement au trésorier de France établi à... — Châteaudun, 16 juin 1560.

665-666. — Freher (Paul).

Tome III.

667. — Gamaches (Guillaume II de).

Voyez, pour Georges de Gamaches et Nicolas-Joachim Rouault, marquis de Gamaches, les n⁰ˢ 1453 et suiv.

668-671. — Gaston de France, duc d'Orléans, frère de Louis XIII. — Don au sieur de La Mothe-Goulas. 20 janvier 1648.

672. — Gautier (Benoît), apothicaire du roi. — Quittance du 7 avril 1532.

673-676. — Gelais (Louis de Lusignan dit de Saint-). — Quittances du 8 septembre 1565, du 12 février 1570 et du... janvier 1575.

677-678. — Généalogique (Carte) des rois de la troisième race.

679-684. — Gondi (Albert de), duc de Retz, maréchal de France. — Quittance du 31 décembre 1575.

Certificat du 30 avril 1578.

685-688. — Gondi (Pierre de), cardinal, évêque de Paris.

Gondi (Charles de), marquis de La Tour.

689-690. — Gondi (Claude-Marguerite de), veuve

de Florimond de Hallwin, marquis de Maignelais. — Signatures sur un contrat du 4 novembre 1595.

691-695. — GONDI (Henri de), évêque de Paris, cardinal DE RETZ, fils d'Albert de Gondi. — Signature sur un contrat du 20 avril 1600.

696. — RETZ (Alphonse de), maître d'hôtel de Madame, sœur du roi. — Quittance du 6 mai 1570.

697-698. — RETZ (Jean-Baptiste de), maître d'hôtel de la maison du roi. — Quittance du 29 novembre 1577.

RETZ (Jean-Baptiste de), introducteur des ambassadeurs. — Quittance du 15 mai 1617.

699. — RETZ (Alphonsine de), veuve de Humbert de Marsilly. — Quittance, avec souscription autographe, du 7 juillet 1599.

700-701. — BON (Pierre), père d'Hélène Bon, femme de Charles de Gondi. — Quittance du 1er décembre 1572.

BON (Claude-Antoine), fils du précédent. — Quittance, avec souscription autographe, du 4 mars 1587.

Voyez plus haut n° 237.

702-703. — GONZAGUE (Louis de), duc DE NEVERS. — Lettre, signée, avec souscription autographe, à M. de Matignon. Paris, 15 janvier 1571.

704. — Gonzague (Charles de), duc de Nivernais et de Rethelois. — Quittance, avec souscription autographe, du 12 mars 1619.

705-716. — Gournay (Marie Le Jars de).

717. — Grammont (Antoine Daure I, vicomte de). — Lettre, signée, à Charles IX. Bidache, 26 mai 1564.

718-726. — Grammont (Philibert de), comte de Guiche. — Signatures au bas d'actes du 8 et du 13 juillet 1580.

Corisandre d'Andoins, femme du précédent. — Signatures au bas de contrats du 1er janvier et du 26 juin 1596.

727. — Grammont (Antoine II de). — Quittance autographe, signée. Lens, 22 mai 1587.

728. — Grégoire XIII (Ugo Buoncompagni), pape. — Pièce signée : *Fiat ut petitur. V, Fiat. V,* avec quelques lignes et date autographes, contresignée par les cardinaux Barberini et Amerini. Rome, 1er novembre 1573.

729. — Grégoire XIV (Nicolas Sfrondrate), pape. — Pièce signée : Gregorius, papa XIIII, en italien. Rome, 26 janvier 1591.

730. — Grimonville (Nicolas de), seigneur de Larchant. — Quittance du 25 décembre 1583.

731-732. — GROLIER (Jean), trésorier de France. — Quittance du 13 février 1550.

Exemption des tailles accordée aux habitants de Neauphle-le-Chastel (28 janvier 1563).

733-734. — GUESLE (Jacques de LA), procureur général au Parlement de Paris.

GUESLE (François de LA), archevêque de Tours, frère du précédent.

Acte signé des deux frères. 12 mai 1602.

735. — GUESLE (Alexandre de LA). — Signature au bas d'un contrat du 17 janvier 1619.

736-737. — GUESLE (Jean de LA), procureur général au Parlement de Paris, père de Jacques et François.

Signature au bas d'un acte du 17 avril 1603.
Quittance du 17 avril 1583.

738-739. — GUEULETTE (Thomas Simon). — Note au sujet d'une lettre de Collé.

Calqué sur l'autographe par M. Laverdet.

740-741. — GUICHARDIN (François), historien. — Lettre autographe, signée, en italien, à Nicolas Machiavel. Turin, 7 août 1525. Cachet.

742. — GUICHE (Philibert de LA).

743. — GUILLAUME V, dit *le Jeune*, duc DE BAVIÈRE.

— Lettre autographe, signée, à sa sœur. Manheim, 10 février 1585.

744. — GUILLEMEAU (Jacques) et Antoine REGNAULT, chirurgiens du Roi. — Quittance du 21 décembre 1603.

745. — GUISE (Claude DE LORRAINE, comte puis duc de). — Déclaration du 22 mai 1520.

746. — Claude II DE LORRAINE, duc D'AUMALE, fils du précédent. — Certificat du 15 avril 1567.

747. — GUISE (Antoinette DE BOURBON, duchesse de), femme de Claude. — Lettre, signée, avec souscription autographe, à M. de Luxembourg. Joinville, 24 décembre 1578.

748-757. — GUISE (François DE LORRAINE, duc DE), fils de Claude Ier et d'Antoinette de Bourbon. — Quittances du 14 septembre 1548 et du 18 décembre 1559.

Lettre signée, avec souscription autographe, à MM. le cardinal de Lorraine et le connétable de Montmorency. Fontainebleau, 5 juin 1555.

GUISE (Anne D'EST, duchesse de), veuve du précédent. — Quittance du 23 décembre 1563.

758-759. — GUISE (Charles de), cardinal DE LORRAINE, frère de François de Guise. — Quittance du 20 janvier 1553.

760-771. — GUISE (Henri DE LORRAINE, duc de),

dit *le Balafré,* fils de François de Guise et d'Anne d'Est. — Lettre autographe, signée, à Catherine de Médicis. Neufchâteau, 22 septembre...

Certificat du 23 octobre 1569.

Lettres patentes octroyées au sieur d'Ambly. Mézières, 27 novembre 1570.

GUISE (Catherine DE CLÈVES, duchesse douairière de), veuve du précédent. — Quittance du 8 septembre 1611.

772-774. — GUISE (Louis DE LORRAINE, cardinal de), frère de Henri le Balafré.

775-776. — GUISE (Charles DE LORRAINE, duc de), fils du Balafré. — Quittance du 31 décembre 1597.

777. — GUISE (Catherine DE JOYEUSE, duchesse de), femme du précédent. — Signature au bas d'un acte du 22 avril 1608.

778-784. — GUISE (Louis DE LORRAINE, cardinal de), deuxième fils du Balafré.

785-787. — HAILLAN (Bernard DE GIRARD, seigneur du), historiographe de France. — Quittance du 30 juin 1603.

788-789. — HAILLAN (François DE GIRARD), seigneur du), sénéchal de Guienne. — Rôles de sa compagnie. 30 juin 1577 et 10 janvier 1578.

790-791. — HALLWIN (Charles de), marquis DE

Maignelais, seigneur de Piennes. — Lettre, signée, avec souscription autographe, du 11 novembre 1570. Certificat délivré à Noel de La Rue. ... 1576.

792. — Hallwin (Charles-Maximilien de), fils du précédent. — Quittance, avec souscription autographe, du 28 décembre 1598.

793. — Hallwin (Jeanne de), veuve de Florimond Robertet. — Quittance du 16 Septembre 1579.

794. — Hallwyn (Louise de), fille de Charles de Hallwyn de Maignelais. — Quittance du 4 juillet 1583.

795. — Harcourt (Pierre d'). — Charte, signée, du 12 octobre 1549.

796. — Hardy (Sébastien Le), sieur de La Trousse. — Quittance du 20 décembre 1621.

797-798. — Harlay (Nicolas de), ambassadeur en Suisse. — Quittances du 31 décembre 1580 et du 15 juillet 1581.

799. — Haulgueil (Louis de), fauconnier du Roi. — Quittance au nom du comte Charles de Cossé-Brissac, du 5 décembre 1585.

800. — Hénard (Martin), chirurgien au camp du Roi. — Quittance du 4 février 1576.

801. — Hennequin (Émar), évêque de Rennes. — Quittance du 7 mars 1578.

802-816. — Henri II, fils de François Ier, roi de France. — Comptes de remboursement d'un prêt. 18 novembre 1547.

Mandements aux trésoriers de France et de son épargne et aux receveurs généraux des finances :

Saint-Germain-en-Laye, 15 avril 1548.

Fontainebleau, 4 et 5 février et 21 décembre 1549.

Lettre au sultan Soliman, signée, avec souscription autographe, du 3 février 1550.

Lettre, signée, à l'abbé de Saint-Arnoul de Metz. Paris, 11 février 1552.

Mandement au trésorier de sa maison. Fontainebleau, 23 juin 1556.

Lettres patentes adressées au grand aumônier de France. Paris, 10 octobre 1556.

Lettres patentes. ... 1557.

Lettres patentes à la chambre des comptes, à Paris. Saint-Germain-en-Laye, 15 novembre 1558.

817-858. — Henri III, troisième fils de Henri II, roi de France et de Pologne. — Lettre autographe, paraphée, à un de ses mignons, s. d.

Lettre, signée, avec plusieurs lignes de sa main, au maire, conseillers et échevins de Rouen. 22 mai 1588.

Cette lettre contient le mot passeport qui fit suspecter par Guibert de Pixérécourt l'authenticité d'une lettre de Montaigne de la même année.

Lettre, signée, avec souscription autographe, à M. de Longueville. Monpipeau, 28 mai 1572.

Lettre, signée, au sieur de Fleurac. Paris, 12 avril 1585.

Mandements aux trésoriers du Roi (Charles IX) : Paris, 12 novembre et 21 décembre 1572.

Mandements aux trésoriers de France et de son épargne, après son avènement :

Avignon, 24 décembre 1574.

Paris, 8 avril 1575.

Paris, 3 mars, 23 avril et 18 juillet 1578.

Fontainebleau, 25 novembre 1578.

Saint-Germain-en-Laye, 27 avril 1580.

Saint-Maur-des-Fossés, 9 août 1580 et 24 juin 1581.

Paris, 28 octobre 1581.

Paris, 31 décembre 1582.

Paris, 29 janvier, 18 et 26 mars 1583.

Paris, 10 février, 15 juin, 19 et 25 août 1585.

Paris, 22 février 1586.

Paris, 8 septembre 1587.

Paris, 8 mai 1578.

Lettre signée, à M. de La Fayette. Paris, 17 octobre 1577. Cachet.

859-869. — LOUISE DE VAUDÉMONT, DE LORRAINE, femme de Henri III. — Quittance du 9 avril 1591.

Lettre autographe, signée, à la duchesse de Brunswick. Fontainebleau, 10 octobre...

Lettre, signée, avec souscription autographe, à M. de Luxembourg, duc de Pinay. Paris, 27 mai 1585.

870-911. — HENRI IV, roi DE FRANCE et DE

NAVARRE. — Lettre, signée par les princes DE NA-
VARRE (HENRI IV) et DE CONDÉ, au duc d'Anjou
(Henri III). Camp de Saint-Yrieix, 23 juin 1569.

Lettre, signée, avec souscription autographe, à
M. de Saint-Genyès. ...avril 1585.

Lettre autographe, signée, au maréchal de Matignon. Nérac, 24 décembre 1588.

Cette lettre, de la même année que celles de Montaigne et de
Henri III, contient aussi le mot passeport. M. Payen y a joint
une lettre, signée, de M. VILLEMAIN à M. Renouard (Paris,
8 novembre 1841).

Certificat du 8 octobre 1567.

Nomination d'un gentilhomme servant, signée.
Bergerac, 7 mai 1585.

Donation, signée, au sieur de La Valette. Camp
d'Alençon, 26 décembre 1589.

Mandements à la chambre des comptes de Paris,
aux trésoriers de France et de l'épargne royale :

Mantes, 26 décembre 1593.

Paris, 26 mars, 18 et 22 avril et 8 octobre 1594.

Paris, 23 juin 1597.

Paris, 7 janvier et 13 juillet 1607.

Paris, 3 février 1609.

Paris, 15 avril 1610.

Vues et croquis du château de Pau.

912. — HENRI VIII, roi D'ANGLETERRE. — Lettre,
signée, avec souscription autographe, à l'archi-
duchesse d'Autriche. Richemont, 26 mars 1518.
Cachet.

913. — Hériot (Jean de). — Quittance, avec souscription autographe, du 1er janvier 1584.

914-916. — Hilden (Fabrice de), médecin. — Quittance du 31 janvier 1619.

917-921. — Hôpital (Michel de L'), chancelier de France. — Ordre de paiement du 10 octobre 1568.

922. — Hubert (Louis), chirurgien du Roi. — Quittance du 31 août 1586.

923. — Huet (Daniel). — Signature au bas d'une lettre adressée au connétable. Venise, 3 décembre (1539).

924. — Humyères (Charles d'), lieutenant général de Picardie. — Quittance du 31 décembre 1594.

925. — Humyères (Jean d'), seigneur de Becquencourt. — Quittance du 10 janvier 1549.

926. — Humyères (Adrien d'), seigneur de Vitermont. — Quittance du 10 février 1590.

927-928. — Humyères (Jacques d'). — Lettre, signée, avec souscription autographe, à Henri II. Péronne, 30 août 1557. Cachet.

929. — Hurault (Philippe), chancelier de France.

Tome IV.

930-931. — INNOCENT IX (J.-Ant. FACHINETTI), pape. — Lettre en italien, signée *cardinale* DI SANTI QUATTRO, avec la souscription autographe, à Dandino, vice-legato di Bologna. Rome, 4 juin 1588.

932-933. — JEANNIN (le président Pierre).

934. — JEANNIN (Pierre), trésorier général de la maison du Roi. — Quittance du 3 avril 1629.

935. — JOSEPH (Le R. P.) LE CLERC DU TREMBLAY, capucin, surnommé *l'Éminence grise*. — Lettre autographe au Père général des Capucins. Paris, avril 16...

936. — JOYEUSE (Guillaume, vicomte de). — Ordre de paiement du 23 mai 1576. Cachet.

937-943. — JOYEUSE (Anne, duc de), amiral de France. — Certificat du 1er avril 1587.

Rôle de la monstre de sa compagnie. Au camp de La Fère, en Picardie, 26 août 1580.

944-946. — JOYEUSE (François, cardinal-duc de). — Signatures au bas de contrats du 9 août 1603 et du 7 mars 1611.

947-948. — JOYEUSE (Henri de), comte de BOUCHAGE.

949-950. — JUAN (Don) D'AUTRICHE, bâtard de Charles-Quint. — Lettre signée. Beaumont, 24 avril 1578.

951. — Jussas (François de), seigneur d'AMBLE-VILLE. — Quittance du 22 novembre 1594.

952-953. — LACHASSAGNE, lieutenant-colonel au régiment de Bretagne. — Certificats signés, du 29 août 1688.
Certificat autographe et signé, du 7 août 1684.

954. — LA FORCE (Jacques de NOMPAR DE COMONE DE).

955. — LA LOE (Philippe de), capitaine de la bande des petits chiens de la Vénerie du Roi. — Quittance du 4 novembre 1561.

956-958. — LAMARCK (Charles-Robert de), comte de MONTLÉVRIER. — Signature au bas d'un contrat du 16 juin 1584.

959. — LAMARCK (Henri-Robert de), duc de BOUILLON. — Quittance du 17 mars 1559. Cachet.

960. — LANGUET (Hubert).

961. — LANOUE (François de).

962-963. — LAURENS (André du), médecin du Roi. — Quittances du 30 juin 1603 et du 6 octobre 1606.

964. — LAUTRECHT (Monseigneur le vicomte de).

965-969. — LAVARDIN (Jean DE BEAUMANOIR, seigneur de), maréchal de France. — Quittance du 8 février 1591.

Passeport, signé. Le Mans, 14 mai 1591. Cachet.

970. — LEFÈVRE (Nicolas). — Quittance, avec souscription autographe, du 15 février 1584 ou 1585.

971. — LEGRAND (Antoine), barbier et chirurgien du Commun du Roi. — Quittance du 21 avril 1574.

972. — LÉON X (Jean DE MÉDICIS), pape. — Bulle *sub plumbo*... 1518.

973-976. — LENONCOURT (Jean de). — Lettre, signée, à M. de Rochefort. Paris, 15 juin 1562.
Quittance du 10 juillet 1562.

977-978. — LENONCOURT (Charles de), petit-fils du précédent. — Signature au bas d'un contrat du 8 avril 1619.

979-981. — LENONCOURT (Philippe de), cardinal, archevêque de Reims. — Lettre, signée, à M. l'Évêque de Noyon ou à ses vicaires. Péronne, 12 juillet 1583.
Signature au bas d'un acte du 14 mars 1587.

Sur le même acte se trouve la signature de Michel DE CASTELNAU. (Voyez n° 361.)

982. — LENONCOURT (Henri de).

983. — LEROY (Jacques), médecin ordinaire du Roi et premier de la Reine. — Quittance du 30 septembre 1585.

984. — Lesdiguières (Le Connétable de).

985. — Lignerac (Fr.-Robert de), amant de la reine Marguerite. — Signature au verso d'une quittance... Décembre 1591.

986-1004. — Lipse (Juste).

1005-1007. — Lobbetius (Jean). — Signature... 1585.

1008-1009. — Loisel (Antoine), avocat du Parlement. — Quittances du 4 octobre 1604.

Loisel (Antoine), fils du précédent. — Quittance du 18 novembre 1636.

1010. — Longuejoue (Philibert de), seigneur de Montigny. — Quittance du 15 janvier 1571.

1011-1022. — Lorraine (Maisons de) et de Guise.

1023-1024. — Lorraine (René II, duc de). — Lettre, signée, aux Conseillers et Président de ses comptes, à Bar. Lunéville, 12 octobre...

1025. — Lorraine (Renée de Bourbon, duchesse de), femme d'Antoine, duc de Calabre. — Lettre, signée, aux doyen et chapitre de Saint-Dié. Bar, 22 août 1534. Cachet.

1026-1031. — Lorraine (Claude de France, fille de Henri II, femme de Charles II, duchesse de). —

220 NEUVIÈME SECTION

Lettre autographe, signée, à son frère, le duc d'Anjou. 1571.

Lettre autographe, signée, à sa mère Catherine de Médicis. s. d.

LORRAINE (Charles II, duc de). — Quittance du 17 juin 1565.

1032-1036. — LORRAINE (Charles III, duc de).

LORRAINE (Charles de), cardinal DE LORRAINE, fils du précédent. — Lettre autographe, signée, à Henri IV. Nancy, 24 septembre 1602.

Lettre autographe, signée. Nancy, 30 septembre 1596.

LORRAINE (Charles de), cardinal DE VAUDEMONT.

1037-1038. — LORRAINE (Claude de), duc DE CHEVREUSE. — Quittance du 28 décembre 1627.

1039-1045. — CLÈVES (François de), beau-père de Henri de Guise, le Balafré. — Signature. 1552.

Lettre, signée, aux doyen, chanoines et chapitre de Saint-Jean, à Chaumont. Nevers, 31 janvier 1555.

ANNE D'EST, veuve de François de Lorraine, puis femme de Jacques de Savoie, duc de Nemours. — Quittance du 30 décembre 1600.

CHARLES DE CONTES, lieutenant de la compagnie de Charles III de Lorraine. — Quittance du 18 novembre 1560.

FRANÇOIS COUANON, seigneur DE BRIASSE, maréchal des logis de la compagnie du duc François de Guise. — Quittance du 22 janvier 1550.

FRANÇOIS DE CASSILLAC, lieutenant de cent hommes d'armes sous la direction du duc de Guise (Henri le Balafré). — Quittance du 18 octobre 1569.

GUILLAUME DE CHASTEL, commissaire général des vivres de l'armée conduite en Dauphiné par le duc de Mayenne. — Quittance du 4 octobre 1580.

1046. — LOSSE (Jean de). — Quittance du 31 Octobre 1572.

1047-1048. — LOUIS XIII, fils d'Henri IV, roi de France. — État, signé par lui, des dépenses extraordinaires de la chancellerie en 1636. — Gratifications à plusieurs auteurs et historiographes, parmi lesquels Boisrobert et Colletet.

1049-1051. — LUTHER (Martin), chef de la Réforme. — Pièce autographe, signée, en allemand. 1544. — Citation de l'Évangile selon saint Mathieu.

1052-1066. — LUXEMBOURG (Charles de), comte de BRIENNE et de LIGNY. — Signature et quelques lignes autographes au bas d'un acte du 9 mars 1595.

LUXEMBOURG (Bastien de), seigneur de MARTIGUES. — Quittance du 8 octobre 1562.

LUXEMBOURG (François de), duc de PINAY. — Signatures, accompagnées de celles de Jean-Louis DE LA VALETTE, duc D'ÉPERNON, au bas de contrats du 20 juillet et du 9 août 1609.

LUXEMBOURG (Louise de), femme de Georges

d'Amboise. — Signature au bas d'un contrat du 15 mars 1595.

LUXEMBOURG (Marie de), duchesse de PENTHIÈVRE, douairière de MERCŒUR, veuve de Phil.-Emmanuel de Lorraine. — Signatures sur un contrat du 12 août 1603.

Ordre de paiement du 22 août 1605.

LUXEMBOURG (Antoinette de), abbesse de Notre-Dame d'Hyères. — Quittance du 11 juillet 1560.

1067. — MACCUAN (Patricius), évêque de Dromoy en Espagne. — Quittance du 5 février 1583.

1068. — MALÉZIEU (André de), chirurgien du Roi. — Quittance du 15 février 1582.

1069-1081. — MALHERBE (François de), poète. — Quittance du 6 juillet 1612.

Signature, et une ligne autographe, découpées sur le titre d'un livre.

Lettre autographe, signée, à Mme de Termes. S. d.

MALHERBE (Antoine). — Signature au bas d'un acte du 5 février 1599 à la suite de celle d'Antoine d'Estrées.

1082. — MALVYN (DE), conseiller au Parlement de Bordeaux.

1083-1085. — MANSFELD (Charles, comte, puis prince de). — Lettre, signée, au gouverneur de Malines. Bruxelles, 1er novembre 1587.

1086. — Marborel. Bordeaux, 6 octobre 1753.

1087-1098. — Marguerite de Valois, sœur de François Ier, reine de Navarre. — Signature au bas d'un don, du 29 juin 1517.

1098 bis-1099. — Marguerite de France, troisième fille de François Ier, femme de Philibert-Emmanuel de Savoie. — Lettre, signée, avec une longue souscription autographe. Paris, 30 décembre 1557.

1100-1104. — Marguerite de France, fille de Henri II, première femme de Henri IV, reine de Navarre, puis de France. — Copie autographe d'une lettre à Henri IV. Château d'Usson, s. d.
Lettres patentes, signées, octroyées à Étienne Vidal. Château d'Usson, 17 avril 1602.
Quittance autographe, signée. Paris, 10 avril 1609. (n° 1097).

1105-1116. — Marie de Médicis, deuxième femme de Henri IV, reine de France. — Certificat du 30 décembre 1611.
Lettre autographe, signée, au duc de Bouillon. 10 juin 1624. Cachet.

1117-1125. — Marie Stuart, femme de François II, reine de France, puis d'Écosse. — Quittance du 17 avril 1560. Cachet.
Lettres patentes, au sujet de la nomination d'un

greffier à l'élection de Péronne, sans signature. Paris, 4 décembre 1580.

Lettres patentes, sans signature. — Paris, 9 juin 1578.

1126-1127. — Marie, fille de Charles-Quint, impératrice, reine de Bohême et de Hongrie. — Lettre, signée, en espagnol, au baron Juan Queveniler. Prague, 6 avril 1579. Cachet.

1128. — Marillac (De). — Lettre collective du parlement de Bordeaux au Roi, signée par lui. Bordeaux, 19 mai.

1129. — Marillac (Charles de), archevêque et comte de Vienne. — Quittance du 15 août 1559.

1130-1131. — Marnix de Sainte-Aldegonde (Philippe), théologien.

1132. — Martel (François). — Quittance du 31 octobre 1591. Cachet.

1133-1155. — Matignon (Jacques de), comte de Thorigny, maréchal de France. — Mémoire justificatif du maréchal, signé par lui et adressé au Roi. Bordeaux, 22 décembre 1588.

Quittance, avec souscription autographe, du 23 mars 1592.

Quittance, délivrée à François Hotman, signée par Philippe Hurault, comte de Chiverny, chancelier, Jacques de Matignon, Henri de La Tour d'Auvergne, duc de Bouillon, maréchaux de France, 29 janvier 1594.

Signature du maréchal de Matignon au bas d'un acte du 10 septembre 1581, avec souscription autographe.

Quittance du 25 août 1588 (n° 1168).

Françoise de Daillon, femme du précédent. — Lettre, signée, avec souscription autographe, aux trésoriers de France, à Caen. Saint-Lô, ... mai 1597 (n° 1138).

1156-1157. — Matignon (Catherine de). — Signature au bas d'un acte du 30 juillet 1616, signé aussi par Catherine d'Orléans.

1158-1174. — Matignon (Charles de), comte de Thorigny, deuxième fils du maréchal. — Signatures au bas des diverses pages d'un contrat, ainsi que celles d'Antoinette de Daillon. A la fin, signatures : de Catherine d'Orléans, Jacques de Matignon, Henriette de La Guiche, Françoise de Schomberg, Catherine de Matignon, Diane de Daillon, F. de Chabannes et H. de Daillon. Moulins, 25 mai 1619.

Quittance, avec souscription autographe, du 1er décembre 1616.

Quittance, avec souscription autographe, du 1er mars 1600.

Matignon (Léonor de), évêque de Lisieux, et François de Matignon, comte de Thorigny. — Acte du 7 juillet 1648.

MATIGNON (Jacques de). — Acte du 17 juillet 1630.

MATIGNON (Odet de), comte de THORIGNY, fils aîné du maréchal. — Signature au bas d'un acte du 23 février 1595.

1175. — MATTHIOLI.

1176-1177. — MAUGIRON (Jean de).
MAUGIRON (Jeanne de), femme de Laurent de MAUGIRON. — Quittance du 15 septembre 1585.

1178-1181. — MAXIMILIEN II, fils de Ferdinand Ier, empereur d'ALLEMAGNE. — Pièce, signée, en allemand, avec plusieurs contre-signatures. 20 janvier 1569. Cachet.

1182-1188. — MAYENNE (Charles de LORRAINE, duc de), frère de Henri de Guise. — Certificat du 10 juillet 1573 et du 8 mai 1582. Cachets.

1189. — MAYENNE (Henri de LORRAINE, duc de), fils du précédent. — Quittance du 15 novembre 1620.

1190. — MAZILLE (Jean de), médecin du Roi et du duc d'Alençon. — Quittance du 17 mai 1569.

1191-1192. — MÉDICIS (François Ier de), grand-duc de TOSCANE, père de Marie de Médicis.
Jeanne D'AUTRICHE, fille de l'empereur Ferdinand Ier, femme du précédent, grande-duchesse de TOSCANE.

1193-1195. — MÉLANCHTON (Philippe), réformateur, ami de Luther. — Lettre autographe, signée, en allemand. 1551.

1196. — MELCITHEN (Paulemil), capitaine d'une compagnie du Valais. — Quittance du 8 mars 1596.

1197. — MERCŒUR (Nicolas de LORRAINE, duc de). — Quittance du 15 juillet 1571.

1198-1203. — MERCŒUR (Philippe-Emmanuel de LORRAINE, duc de), fils du précédent. — Quittance du 15 octobre 1580. — Mandement à Messieurs du Conseil d'État et des finances de Bretagne. Nantes, 21 septembre 1595. Cachet.

1204-1205. — MESMES (Henri de), seigneur de MALASSISE, chancelier de Navarre. — Quittances du 20 novembre 1565 et du 2 novembre 1575.

1206-1207. — MILLET (Denis), médecin du Roi. — Quittance du 31 décembre 1557.

1208-1210. — MOLÉ (Mathieu), premier président du Parlement de Paris.

1211. — MONSTÈRE (Sébastien), géographe.

1212-1213. — MONTAIGNE (Guillaume). — Signature au bas d'un acte du 19 juin 1621.

1214-1215. — MONTAIGNE (Michel de), conseiller au Parlement de Bordeaux. — Signature au bas d'un acte du 15 février 1715.

Tome V.

1216-1224. — MONTLUC (Blaise de), maréchal de France. — Copie d'un reçu du Roi, signée par Montluc. 1567.

Certificat du 1ᵉʳ janvier 1563. Cachet.

Quittance du 10 avril 1565.

Lettre autographe, signée, au Roi. Toulouse, 8 juillet 1619.

MONTLUC (Jean de). — Quittance du 23 octobre 1567.

1225-1231. — MONTMORENCY (Anne, duc de), connétable de France. — Lettre signée, avec souscription autographe, à M. de Villeroy. Compiègne, 4 novembre...

Mandement au trésorier des guerres, La Bourdaisière. 14 mai 1529.

1232-1234. — MONTMORENCY (Henri de), seigneur de DAMVILLE, maréchal de France, fils du précédent. — Nomination d'un contrôleur des guerres. Nîmes, 10 octobre 1563.

Nomination d'un gouverneur à Agen. Toulouse, 24 novembre 1569. Cachet.

1235-1244. — MONTMORENCY (François de), maréchal, fils aîné du connétable Anne de Montmorency. — Lettre, signée, avec souscription autographe, au Roi. Compiègne, 4 mars 1557.

DIANE D'ANGOULÊME, fille naturelle de Henri II,

femme du précédent. — Quittances du 15 mai 1567 et du 9 avril 1601. Cachets.

MONTMORENCY (Madeleine de SAVOIE, duchesse de), femme du connétable. — Quittance du 26 février 1565. — Lettre, signée, avec souscription autographe, à M. de Luxembourg. Chantilly, 31 mai 1585.

MONTMORENCY (Charlotte de), femme du prince de Condé.

MONTMORENCY (Henri II, duc de), amiral de France. — Lettre autographe, signée, au marquis de Nerestang. 15 janvier 1616.

MONTMORENCY (Charles de), seigneur de DAMVILLE, comte de SECONDIGNY.

1245-1246. — MONTPEZAT (de). — Quittances du 1er octobre 1560 et du 24 juin 1572.

1247. — MOREL (Jean de), seigneur du PLESSIS-LE-COMTE. — Quittance du 15 janvier 1567.

1248. — MORIN (Mathurin). — Quittance du 22 janvier 1584.

1249-1262. — MORNAY (Philippe de), seigneur du PLESSIS. — Rôle de la monstre de sa compagnie. Saumur, 1er novembre 1589, accompagnée du certificat du même jour.

Lettre, signée, avec souscription autographe, à sa femme. Chatellerault, 21 février 1595.

Signature au bas d'un acte de vente faite par Henri IV, portant aussi les signatures d'HENRI IV, CALIGNON... 14 janvier 1599.

Quittance du 12 mai 1595.

Philippe DU BEC, archevêque de Reims, oncle du précédent. — Quittance du 15 avril 1599.

1263. — MOUCHY (Jean de), seigneur de SENARPONT. — Quittance du 21 avril 1551.

1264. — MYGNAN (Henri LE), évêque de Digne. — Quittance, avec souscription autographe, du 26 février 1594.

1265-1267. — MYRON (Marc), médecin du Roi. — Quittances du 19 février 1575, du 31 mai 1578 et du 6 octobre 1581.

1268-1269. — NERESTANG (Jean-Claude, marquis de). — Lettre autographe, signée, à M. Achille de Harlay, son beau-frère. Casal, 27 novembre 1638. Cachet.

1270. — NICOLAÏ (Benedict de VASSELIEU, dit). — Quittance du 5 octobre 1577.

1271. — NOAILLES (Gilles de), abbé de l'Isle et de Saint-Amand, ambassadeur de France dans le Levant. — Certificat du 6 février 1578.

1272-1278. — NOSTRADAMUS (Michel), astrologue.

Extrait de la Mosaïque du Midi. Récit de M. Charles BÉRIN, suivi de la *Mort du président Duranti, le 10 février 1589*, par M. Léonce DE LAVERGNE.

1279. — O (François d'), seigneur de MAILLEBOIS, surintendant général des Finances.

1280-1286. — OLIVIER (Claude). — Quittance du 10 octobre 1524.

OLIVIER (François), président du Parlement de Paris, chancelier de France. — Certificats du 25 avril 1545 et du 1ᵉʳ novembre 1559.

Antoinette de CÉRISAY, veuve du précédent. — Quittance du 15 juillet 1565.

OLIVIER (Jean), seigneur de LEUVILLE, fils de François, chancelier de France et d'Antoinette de Cérisay. — Quittances du 14 avril 1580 et du 13 août 1576.

1287. — ORLÉANS (Jean d'), archevêque de Toulouse. — Lettre signée, avec souscription autographe, au chancelier de France. Beaugency, 11 mai 1520.

1288-1290. — ORNANO (Jean-Baptiste d'), marquis de MONTLOR, colonel général des Corses. — Quittance du 19 juin 1612.

ORNANO (Antoine d'), maréchal de France.

1291. — PALISSY (Bernard de).

1292. — PARDAILLAN-LIGONNE (Pierre de SÉGUR, seigneur de). — Quittance du 18 avril 1580.

1293-1297. — PARÉ (Ambroise), premier chirurgien du Roi. — Quittance du 26 octobre 1589.

1298-1303. — PASQUIER (Étienne), avocat général à la chambre des comptes de Paris. — Quittance du 16 juillet 1567.

Lettre, signée, au duc d'Anjou (Henri III). 17 mars 1568. Cachet.

1304. — PAUL V (Camille BORGHÈSE), pape. — Bulle, *sub plumbo*, contresignée par les cardinaux. Frascati, 7 mai 1620.

1305-1307. — PÉRIGNY (Nicolas TRIBOLET DE). — Portrait extrêmement rare.

1308-1311. — PERRON (Jacques DAVY DU), cardinal, archevêque DE SENS. — Quittances du 15 novembre 1596 et du 10 septembre 1608.

PERRON (Jean DAVY DU), théologien, archevêque de Sens, frère du précédent. — Signature au bas d'un contrat du 25 juillet 1607.

1312. — PHILIPPE Ier, dit *le Beau*, roi d'ESPAGNE, père de Charles-Quint. — Lettre, signée, aux officiers de la saulnerie de Salins. Gand, 4 mars 1503.

1313-1318. — PHILIPPE II, fils de Charles-Quint, roi d'ESPAGNE. — Lettre, signée, en français. Madrid, 9 mars 1578. Cachet.

Lettre, signée, en espagnol, à M. de La Mota, gouverneur de Gravelines. Madrid, 13 octobre 1578. Cachet.

1319-1320. — PHILIPPE, marquis de BADE. — Lettre autographe, signée, au duc de Luxembourg. Bade, 29 août 1584. Cachet.

1321-1325. — PIBRAC (Guy DU FAUR, seigneur de), poète. — Quittance du 1er décembre 1580.

Lettre, signée, avec souscription autographe, aux officiers de Dreux. Paris, 22 avril 1583.

1326. — Pilon (Germain), sculpteur du Roi, contrôleur général des monnaies de France. — Quittance du 15 juillet 1582.

1327-1330. — Pisseleu (Anne de), duchesse d'Étampes, maîtresse de François Ier. — Lettre autographe, signée, à M. de Villandry. Le Montat, 19 septembre.

1331. — Pisseleu (Jean de), seigneur d'Heilly, neveu de la précédente. — Quittance du 18 juin 1574.

1332. — Politien (Ange), philologue.

1333. — Pontac (Arnaud de), évêque de Bazas. — Quittance du 14 février 1585.

1334. — Pontbriant (François de). — Quittance du 16 juillet 1575.

1335-1336. — Portail (Antoine), premier chirurgien du Roi. — Quittance du 31 décembre 1598.

1337. — Prévost, seigneur de Morsan, président au parlement de Paris. — Quittance du 1er décembre 1583.

1338-1339. — Puysieux (De). — Lettre, signée, avec souscription autographe, au Reingrave. Béziers, 28 juillet 1622.

1340-1341. — Quélus (Jacques de Lévy, comte de), mignon de Henri III.

1342. — Quesnel (Pierre). 1574.

1343-1344. — Rabelais (François).

1345-1346. — Racan (Honorat de Bueil, marquis de), poète. — Signature au bas d'un contrat du 25 février 1608, qui porte aussi celle de Rogier de Bellegarde. (Voyez n° 184 et suiv.)

1347-1351. — Rapin (Nicolas), poète. — Pièce de vers latins, autographe, signée.

Autre pièce de vers latins, autographe, signée et adressée à Scévole de Sainte-Marthe.

Nomination d'un des archers de l'épargne. Fontenay-le-Comte, 31 décembre 1578.

Quittance du 10 juin 1584.

1352. — Regin (Claude), évêque d'Oloron. — Quittance, avec souscription autographe, du 8 novembre 1572.

1353. — Requesens (Don Louis de). — Lettre, signée, au sieur de La Conte... Anvers, 1er décembre 1575.

1354. — Reverdy (De). — Lettre autographe, signée, au roi de France. Constantinople, 7 novembre 1546.

1355-1363. — Richelieu (Armand-Jean du Plessis,

duc de), cardinal. — Quittance du 25 octobre 1616.

RICHELIEU (François DU PLESSIS, sieur de), grand prévôt de France et de l'hôtel du Roi. — Quittances du 7 novembre 1587, avec souscription autographe, et du 20 juin 1588.

RICHELIEU (Henri DU PLESSIS DE), frère du cardinal. — Lettre autographe, signée, à M. de Tricon. s. d.

1364. — RIEDMATTEN (Adrien de), évêque de Sion en Valais. — Quittance du 25 août 1606.

1365-1367. — RIEUX (François de LA JUGIE, baron de), gouverneur de Narbonne. — Quittance du 22 novembre 1569.

Signature au bas d'un contrat du 20 janvier 1587.

1368. — RIVIÈRE (Jacques de LA), premier médecin du Roi. — Quittance du 6 juillet 1596.

1369-1374. — ROCHEFOUCAULT (Croquis du château de LA).

1375. — ROCHEFOUCAULT (Jean de LA), abbé de Marmoutier-lès-Tours. — Quittance du 16 septembre 1575.

1376-1392. — ROHAN (Henri, duc de), prince de LÉON, chef du parti protestant sous Louis XIII. — Quittance, signée aussi de son frère Benjamin de Rohan, duc de Soubise. 21 juillet 1598.

Lettre autographe, signée, à du Plessis-Mornay. Paris, 22 mai 1617.

Signature au bas d'un contrat du 16 mai 1607, signé aussi par Marc de VERDUN.

ROHAN (Jacqueline de), marquise de ROTHELIN. — Quittance du 21 décembre 1586.

Catherine de PARTHENAY, veuve de René, vicomte de Rohan, prince de Léon. — Signatures au bas de contrats du 1ᵉʳ mai 1594 et du 15 janvier 1595.

1393. — RONSARD (Louis de), maître d'hôtel du Roi. — Signature au bas d'un compte de dépense. Blois, 25 avril 1522.

1394-1397. — RONSARD (Pierre de), fils du précédent, poète. — Lettre, signée, avec la souscription autographe, à son oncle, décembre 1567.

1398. — ROSÉ (François), aumônier du Roi, doyen de la ville d'Amiens. — Quittance du 7 septembre 1596.

1399. — ROTIER (Esprit), inquisiteur de la foi en l'Université de Toulouse. — Quittance du 14 juin 1550.

1400. — ROUVRAY (Frédéric de). — Quittance du 2 décembre 1566.

1401. — ROY (Louis), chirurgien de la Reine-mère. — Quittance du 30 décembre 1564.

1402-1404. — RUBENS (Pierre-Paul), peintre flamand. — Signature découpée.

Tome VI.

1405. — Sacy (M. Silvestre de), de l'Académie française.

1406. — Saint-Maurice (Raymond de), garde du scel de la chancellerie à Bordeaux. — Quittance du 1er avril 1495.

1407. — Sainte-Marthe (Scévole et Louis de), avocats au parlement de Paris. — Quittance du 5 décembre 1619.

1408-1409. — Saint-Mégrin (Paul de Stuer de Caussade, seigneur de).

1410-1414. — Sales (Saint François de), évêque de Genève. — Sermon autographe.
Signature au bas d'une charte du 23 novembre 1617.

1415. — Salviati (François de), chevalier de l'ordre de Saint-Jean de Jérusalem. — Quittance du 8 mars 1566.

1416. — Sanguin (Antoine), dit le cardinal de Meudon. — Lettre autographe, signée, à M. d'Etampes. Meudon, 4 mai 1540.

1417-1419. — Sansovino (François). — Lettre autographe, signée, au podestat de Trévise. Venise, 2 avril 1573.

1420. — SAUBOLE (Roger de COMMINGES, seigneur de), gouverneur de Metz. — Lettre signée. Metz, 2 mars 1601. Cachet.

1421-1422. — SAUMAIZE (Claude de). — Dissertation autographe, signée, sur les poids et mesures antiques. Leyde, 22 janvier 1633.

1423. — SAUVE (Mme de).

1424-1428. — SAVOIE (Louise de), duchesse d'ANGOULÊME, mère de François Ier. — Lettre, signée, avec souscription autographe, au général des finances de Beaune. Amboise, 10 août...
Mandement au général des finances, en sa qualité de Régente. 28 décembre 1525.

1429-1435. — SAVOIE (Emmanuel-Philibert, duc de), prince de PIÉMONT. — Signature au verso d'une quittance du 12 novembre 1565.
Lettre, signée, avec souscription autographe, à la Reine. s. d.
Quittances du 19 février 1579 et du 31 décembre 1580.
SAVOIE (Marguerite de FRANCE, duchesse de BERRY et de), fille de François Ier, femme du précédent. — Nomination d'un capitaine de la grosse tour de Bourges, signée. 23 novembre 1567.

1436-1438. — SAVOIE (Charles-Emmanuel Ier, duc de), surnommé *le Grand*.— Lettre autographe, signée, en espagnol, à l'Infante, sa femme. 18 mai 1587. Cachet.

1439-1440. — SAVOIE (Honorat de), marquis de VILLARS, comte de TENDE, amiral de France. — Certificat du 3 avril 1576.

1441. — SAVOIE (Henriette de), fille du précédent, femme en secondes noces de Charles, duc de Mayenne. — Lettre, signée, à M. de Luxembourg. Turin, 6 mars 1576.

1442-1446. — SAVOIE (Marguerite de), sœur de Honorat, femme d'Antoine de Luxembourg, comte de Brienne. — Lettre, signée, avec souscription autographe, à l'abbé Baillet. 29 mai 1591.
CHRISTOPHE JOUVENEL DES URSINS, mari de Madeleine de Luxembourg, gendre de la précédente. — Lettre, signée, avec souscription autographe, à la comtesse de Brienne, sa belle-mère. Paris, 8 février 1583.
MADELEINE DE LUXEMBOURG, femme du précédent, fille de Marguerite de Savoie et d'Antoine de Luxembourg. — Lettre, signée, avec souscription autographe, à la comtesse de Brienne, sa mère. Ermenonville, 23 juillet.....

1447-1450. — SAVOIE (Jacques de), duc de NEMOURS. — Quittance du 12 mai 1560.
Lettre, signée, avec souscription autographe, à M. de Matignon. Paris, 20 janvier 1563.
ANNE D'EST, veuve de François de Guise, femme

en secondes noces de Jacques de Savoie, qui précède. (Voyez n° 748 et suiv.)

1451-1452. — SCALIGER (Joseph-Juste de LA SCALA, dit).

1453-1458. — SCHOMBERG (Gaspard de), grand maréchal du camp des reîtres. — Signature au bas d'un contrat du 28 novembre 1595, signé aussi par Hélène BONNE et Georges de GAMACHES.

A la suite est un acte du 19 juillet 1664, signé par Marie de BOURBON, veuve de Thomas de Savoie, prince de Carignan, et par Nicolas-Joachim ROUAULT, marquis de GAMACHES.

Signature de Gaspard de SCHOMBERG au bas d'un contrat du 5 juin 1595.

Quittance du 12 octobre 1574.

1459-1467. — SCHOMBERG (Henri de), surintendant des finances, maréchal de France. — Testament autographe, signé. Revel, 31 août 1632.

Signature au bas d'un contrat du 24 mars 1607 signé aussi par Jeanne CHASTAIGNER, sa mère, Claude DU PUY, Jean CHASTAIGNER, Henri de ROHAN, Henri-Louis CHASTAIGNER, de LA ROCHEPOSAI.

SCHOMBERG (Dietrich de). — Lettre autographe, signée, à M. de Plessis. 9 septembre 1588.

1468-1469. — SCHURMANN (Anne-Marie de).

1470-1481. — SÉGUIER (Pierre), seigneur de SAINT-CYR, conseiller au parlement de Paris. — Quittances du 10 janvier 1597 et du 10 décembre 1601.

Séguier (Pierre), seigneur d'Autry, chancelier de France. — Quittance du 17 mai 1639, signée aussi par Claude de Bullion et Claude Bouthillier.

Quittance du 20 novembre 1666.

Madeleine Fabry, veuve du précédent. — Quittance du 15 juin 1678.

Séguier (Pierre), cousin du chancelier, marquis d'O, conseiller au parlement de Paris. — Quittance du 7 avril 1615.

Séguier (Antoine), président au parlement de Paris. — Quittances du 2 août 1603 et du 30 septembre 1615.

Séguier (Jean), seigneur d'Autry, frère du précédent, père du chancelier. — Quittance du 23 juin 1583.

1482. — Simier (Mme de).

1483-1485. — Sixte-Quint (Félix Peretti), pape.

1486-1495. — Solms (Eberhard, comte de).
Solms (Jean-Albert, comte de).
Solms (Ernest, comte de).
Solms (Reinhart, comte de).
Solms (Philippe, comte de).
Solms (Guillaume, comte de).
Solms (Othon, comte de).

1496-1512. — Sourdis (Jean d'Escoubleau, seigneur de). — Quittance du 1er août 1561.

Sourdis (Louis d'Escoubleau de), seigneur du

Coudray, fils du précédent. — Signatures au bas d'actes du 4 juin 1597.

Sourdis (François d'Escoubleau, seigneur de) et de Jouy, frère du précédent, fils de Jean. — Quittance du 20 avril 1590.

Signature au bas d'un contrat du 6 avril 1601, contresigné par sa femme Isabelle Babou.

Sourdis (François d'Escoubleau, cardinal de), archevêque de Bordeaux, fils du précédent. — Quittances du 18 août, du 2 décembre 1611 et du 8 mars 1612, enregistrées et contresignées par le président Jeannin.

Quittance du 31 octobre 1620.

Signature au bas d'un acte passé en l'hôtel de Sourdis, 25 septembre 1607.

Sourdis (Henri d'Escoubleau de), archevêque de Bordeaux, frère et successeur du précédent.

Signature au verso d'une quittance. S. d.

Lettre autographe, signée. Coutras, 21 septembre...

Sourdis (Charles d'Escoubleau, marquis de), frère des précédents.

Sourdis (René d'Escoubleau, seigneur de), cousin-germain des archevêques et de Charles. — Quittance du 20 juillet 1572.

1513-1514. — Strozzi (Philippe), colonel-général de l'infanterie de France.

1515. — Strozzi (Ludovic). — Quittance du 4 juillet 1606.

1516-1533. — SULLY (Maximilien de BÉTHUNE, duc de), marquis de ROSNY. — Quittances du 3 juin 1594 et du 15 avril 1606.

Compte de dépenses et recettes entièrement autographe (1624).

Lettre signée, avec souscription autographe, à M. Guillebon, à Moulins. Orval, 29 février 1614.

Croquis du château de Villebon.

1534-1536. — TABOUROT, seigneur des Accords. — Dédicace autographe : *A Mademoiselle Tabourot*.

1537-1542. — TASSO (Torquato), poète. — Lettre autographe, signée, au duc d'Urbin, à Pesaro. S. d.

1543-1551. — TAVANNES (Guillaume de SAULX, seigneur de). — Quittances du 26 juillet 1573 et du 27 mars 1574.

TAVANNES (Claude de SAULX, de), seigneur de VENTOUX. — Quittance du 22 juin 1568.

TAVANNES (Gaspard de SAULX, seigneur de), maréchal de France. — Quittance du 30 avril 1536.

Lettre signée, avec souscription autographe, au Roi. Verdun, 25 mars 1552.

1552. — TERMES (Paule de), seigneur et baron dudit lieu, sénéchal de Rouergue. — Quittance du 31 décembre 1550.

1553-1579. — THOU (Christophe de), premier président du Parlement de Paris. — Lettre autographe, signée, à la Reine. Paris, 10 novembre 1569.

Quittance du 30 juin 1576.

Thou (Jacques-Auguste de), président au Parlement de Paris, historien, fils du précédent. — Quittances du 31 décembre 1610, du 3 mars 1604 et du 20 mars 1612.

Thou (René de). — Signatures au bas de contrats du 26 février 1613, du 22 mars 1599 et du 25 janvier 1608. Signature de Marie Faye, sa femme.

Thou (Augustin de), président au Parlement de Paris. — Quittances du 2 juillet 1594, du 18 février 1595 et du 20 octobre 1596.

Thou (Christophe-Auguste de), grand-maître des eaux et forêts de France. — Quittances du 22 mai 1581 et du 3 avril 1598.

Thou (Christophe de), seigneur de Saint-Germain, fils de Christophe, le premier président. — Quittance. ... janvier 1573.

Thou (François-Auguste de), fils de Jacques-Auguste, ami de Cinq-Mars. — Quittance du 18 janvier 1638.

Signature au bas d'un acte du 14 mars 1632. Ont contresigné : Madeleine de Thou, sœur de François-Auguste; Jacques Danes, son mari; Pierre Dupuy; Jacques-Auguste de Thou, abbé de Bonneval; Marie-Louise de Thou.

Thou (Jacques-Auguste de), comte de Meslay-le-Vidame, fils de Jacques-Auguste et frère du précédent. — Quittance du 8 juillet 1669.

Thou (Renée-Anne de), abbesse de Saint-Anthoine-lès-Paris. — Quittance du 15 octobre 1579.

Signatures, au bas d'un acte du 2 avril 1605, de Françoise de Batarnay, Gabrielle de Batarnay, Henri de La Chatre et J.-Auguste de Thou.

1580-1582. — Touchet (Marie), maîtresse de Charles IX, dame d'Entragues.

1583-1591. — Tour d'Auvergne (Henri de La), vicomte de Turenne, duc de Bouillon, maréchal de France. — Ordre de paiement, signé. Turenne, 27 juillet 1585. Cachet.

Quittance, avec souscription autographe, du 15 novembre 1620.

Lettre autographe, signée, à M. de Villeroy. Sedan, 8 avril 1617.

1592-1610. — Trémouille (Louis, seigneur de La), vicomte de Thouars, prince de Talmond, amiral de Guienne.

Commission au prévôt de Salignac de faire la monstre de diverses compagnies. Dijon, 19 août 1512.

Trémouille (Claude de La), duc de Thouars. — Signatures au bas d'actes des 28 janvier et 24 février 1600.

Trémouille (Charlotte de Nassau, duchesse de La), femme du précédent. — Quittance du 6 septembre 1617.

Trémouille (Charlotte-Catherine de La), sœur

de Claude, femme de Henri, prince de Condé. — Signatures au bas d'actes du 1ᵉʳ mars 1580 et du 26 décembre 1605.

Trémouille (François de La), marquis de Noirmoutiers et Charlotte de Beaune, sa femme. — Signatures au bas d'un contrat du 7 avril 1588.

Trémouille (Marie de La Tour d'Auvergne, duchesse de La), fille de Henri, duc de Bouillon, vicomte de Turenne, femme de Henri de La Trémouille, duc de Thouars. — Quittance du 24 mars 1636.

1611-1615. — Tresmes (René Potier, duc de). — Lettre autographe, signée. Gesvres, 10 mai. — Quittance du 20 juin 1600.

Augustin Potier, évêque de Beauvais. — Charte latine, signée. Paris, 16 décembre 1626. Cachet.

1616. — Turenne (La maison de).

1617-1623. — Tyard (Pontus de), poète de la Pléiade, évêque de Châlons. — Signature au bas d'un acte du 18 septembre 1585.

1624. — Ursins (Christophe des), seigneur de la Chapelle.

Voy. nº 1442 et suiv.

1625-1626. — Vair (Guillaume du).

1627-1637. — Vallette (Bernard de La), gouverneur du Piémont. — Quittances du 1ᵉʳ janvier 1587, du 20 août 1585 et du 30 septembre 1615.

Vallette (François de La), seigneur de Cornusson. — Quittance du 21 novembre 1575.

Vallette (Jean-Louis de La), maréchal de camp. — Quittance du 8 octobre 1580.

Vallette (Louis, cardinal de La), gouverneur de Metz. — Signature au bas d'un acte du 6 novembre 1614. — Quittance du 8 mai 1639.

Vallette (Jean-Louis de La), seigneur de Cornusson, sénéchal de Toulouse et de l'Albigeois. — Quittance du 1er juillet 1590. Cachet.

Vallette (Henri de Foix et de La). — Signature au bas d'un contrat du 17 mars 1637.

Voy. n° 624.

1638. — Vallambert (Simon de), médecin du Roi. — Quittance du 9 juin 1569.

1639-1640. — Wambold (Jean-Théodore).

1641-1642. — Varchi (Benoît), poète florentin. — Lettre autographe, signée, à Charles Strozzi, à Florence. Padoue, 19 septembre 1539.

1643. — Vaterre (Michel), médecin du duc d'Alençon. — Quittance du 9 juillet 1568.

1644-1657. — Vauvenargues (Luc Clapiers de), moraliste. — Manuscrit autographe, avec ratures et corrections.

Il est question dans ce manuscrit de Montaigne et de Pascal.

1658. — Vavasseur (Guillaume), premier chirurgien de François Ier.

1659-1661. — Vayer (François de La Mothe Le). — Signature au verso d'une quittance de 1658. Quittance du 22 janvier 1626.

1662. — Vendôme (François de), vidame de Chartres. — Quittance du 7 février 1549.

1663. — Veneur (Gabriel Le), évêque d'Évreux. — Quittance du 12 octobre 1550.

1664-1674. — Verneuil (Catherine-Henriette de Balzac d'Entragues, marquise de), maîtresse de Henri IV. — Signature au bas d'un contrat du 7 mai 1609.

M. Payen a joint aux pièces relatives à la marquise de Verneuil une lettre autographe d'Élisabeth de France, fille de Henri IV, plus tard reine d'Espagne, encore enfant; cette lettre, non datée, est adressée à *maman Gast* (Mme de Montglat).

1675-1677. — Vernier (Théodore), constituant, conventionnel, puis sénateur. — Lettre autographe, signée, à M. de La Bouisse, à Orthez. Paris, 27 décembre 1810.

1678. — Vettori (Pierre), orateur et philosophe florentin.

1679. — Vezin (Galiot de), conseiller au Parlement de Bordeaux. — Quittance du 1er avril 1582.

1680-1683. — Vieilleville (François de Scepeaux, seigneur de), maréchal de France. — Lettre, signée, avec souscription autographe, au comte de Puyvert. Rouen, 11 janvier 1562. Cachet.

Quittance du 15 mars 1547.

1684. — VIEVILLE (Robert de LA), baron de RUGLE.

1685. — VIGOR (Regnault), médecin ordinaire du Roi et premier de la Reine-mère. — Quittance du 31 décembre 1582.

1686. — VILLARS (Louis de FOSCARS, seigneur de). — Quittance du 12 mai 1567.

1687-1689. — VILLEQUIER (René de), gouverneur et lieutenant-général de Paris et de l'Ile-de-France. — Quittances du 17 juillet 1585, du 20 février et du 28 juillet 1588.

1690-1691. — VILLEQUIER (Charlotte-Catherine de), fille du précédent, veuve de François d'O, femme en secondes noces de Jacques d'Aumont. — Quittances du 5 janvier 1595 et du 8 août 1607.

1692. — VILLIERS DE L'ISLE-ADAM, grand-maître de l'ordre de Saint-Jean-de-Jérusalem.

1693-1697. — VINCENT-DE-PAUL (Saint), prêtre de la Mission. — Lettre autographe, signée, s. d.

1698-1699. — WITGENSTEIN (Georges de SAYN, comte de), seigneur de HOMBOURG.

1450. — Collection de chartes, rôles, quittances et actes divers relatifs aux villes et aux personnages dont les noms suivent :

1 à 43. — *Villes et Châteaux :*

1. — Angoulême.
2. — Blaye.
3-26. — Bordeaux et pays de Guyenne. — Saint-Jean-d'Angely, Toulouse, Beaucaire et Nîmes. — Actes de François Ier et Comptes de Charles IX, rédigés pendant leur séjour à Bordeaux.
27. — Feuillants (Quittance du provincial des).
28-31. — Ha (Château du), à Bordeaux.
32. — Loupiac (Fort de).
33. — Montaigne (Paroisse Saint-Michel de).
34. — Montcassin (Château de).
35. — Ombrière (Château royal de l'), à Bordeaux.
36. — Roche-sur-Yon (Château de La).
37. — Thounin.
38-41. — Trompette (Château), à Bordeaux.
42-43. — Vern-en-Périgord.

44-51. — *Maires, Jurats, Membres des Parlements de Bordeaux et de Périgueux :*

Lauretay (Pierre de).
Dalesmes (Geoffroy).
Bruzac (Jacques de).
Chabot (Guy) de Saint-Gelais.
Laffin (Antoine).
Villeneuve (M. de), président au parlement de Bordeaux et 60 de ses collègues.
Montaigne (Joseph de).

52-59. — *Capitaines et officiers servant à Bordeaux, à Blaye et en Guyenne :*

Brethon (Matthieu Le).
Poussignac (Gaspard de).
Cussagnet (Antoine de).
Pissas-Lussan (De).
Biron (Le maréchal de) et les sieurs de Chambon, Ardenars, Felines, Pezou-Boisseau, Blaizot, Cap-de-Ville, Lespine-Gondin, Bodet, Gautier, Bidon et de Gacherie.
Vaillac (Louis de Gourdon de Genouillac, comte de).

60-62. — *Receveurs généraux des finances à Bordeaux et en Guyenne :*

Burg (Emon de).
Berger (Jean).
Martin (Pierre).

63. — *Sergents de la sénéchaussée de Guyenne :*

Robert (Jean).
Hugon (Jean).

64-65. — *Principaux du collège de Guyenne :*

Vinet (Élie).
Balfour (Robert).

66-91. — *Rois, reines, famille royale :*

François Ier.
Henri II.
François II.

Marie Stuart, sa femme.
Charles IX.
Henri III.
Louise de Lorraine, sa femme.
François, duc d'Alençon, puis d'Anjou, quatrième fils de Henri II.
Henri IV.

92-138. — *Maison du Roi (Dignitaires et officiers de la)* :

Peyrat (Guillaume du), aumônier.
Morry (Antoine de), aumônier.
Rochefoucault (Jean de La), maître de la chapelle de musique.
Rostaing (Tristan de), chambellan ordinaire.
Edenyn (François), maréchal ordinaire (Maréchal des logis).
Saint-Moris (Jean de), lieutenant de la bande des cent gentilshommes.
Hardy (Nicolas), seigneur de La Trousse, prévôt de l'hôtel.
Arces (Raymond d'), lieutenant de la porte.
Rochefoucault (Caboche, comte de La), grand maître de la garde-robe.
Bourbelles (Claude de), valet de chambre ordinaire.
Harlay (Robert de), seigneur de Montglat, premier maître de l'hôtel.
Montmorency (Claude de), seigneur de Fosseux, maître d'hôtel ordinaire.

Gouffier (Claude de), grand écuyer de France.

Neufville (de), seigneur de Chantelou, maître d'hôtel ordinaire du Roi.

Cossé (Arthus de), premier panetier.

Bourbon (Philippe de), seigneur de Busset, échanson.

Rochefort (René de), seigneur de La Croisette, échanson.

Vieuville (Robert La), lieutenant de la Fauconnerie.

Brosse (De La), secrétaire de la chambre.

Potier (Louis), secrétaire de la chambre.

Laval (Antoine de), géographe du Roi.

Auchy (Lescalle de Conflans, vicomte d'), chevalier des ordres du Roi.

Villequier (René de), premier gentilhomme de la chambre.

Bourbon (François de), comte dauphin d'Auvergne, gentilhomme ordinaire de la chambre.

Caumont (François de), gentilhomme ordinaire de la chambre.

Clermont (Georges de), gentilhomme ordinaire de la chambre.

Cossé (Charles de), gentilhomme ordinaire de la chambre, premier panetier.

Créquy (Anne de), baron de Ricey, gentilhomme ordinaire de la chambre.

Harlay (Louis de), seigneur de Montglat, gentilhomme ordinaire de la chambre.

Tour-Landry (René de La) de Mailly, gentilhomme ordinaire de la chambre.

Montcassin (Jean de), seigneur de Grezet, gentilhomme ordinaire de la Chambre.

Montmorency (Jacques de), seigneur de Crèvecœur, gentilhomme ordinaire de la chambre.

Montmorency (Jules de), chevalier de Malte, gentilhomme de la chambre.

Rotigoti (Chrétien de), gentilhomme ordinaire de la chambre.

Longueville (Léonor d'Orléans, duc de), chevalier de l'ordre du Roi.

Lannoy (Marie de), dame de Saint-Liger.

Villars (De Boyvin, baron de), maître d'hôtel ordinaire de la Reine-mère.

Bréhant (Antoine de), seigneur de La Roche, premier écuyer de la Reine.

Marigny (Claude Pierres, dame de), l'une des dames de la Reine-mère.

Aubépine (Claude de l'), l'une des dames ordinaires de la Reine-mère.

Lésignan (Jacques de Vassadel, seigneur de), chambellan ordinaire du roi de Navarre.

Daillon (René de), grand aumônier de la Reine.

Vivonne (Jeanne de), dame de la reine Élisabeth.

Luynes (Charles d'Albert, duc de), chef du Vol pour les champs des oiseaux du cabinet du Roi.

Le même, grand fauconnier de France.

Comptes de la dépense de Monseigneur, frère unique du Roi, à Châteauthierry, le 1er mai 1584.

139-188. — *Connétables, maréchaux de France, maréchaux de camp, capitaines :*

Montmorency (Anne de), pair et connétable.
Cossé (Charles de), comte de Brissac, maréch de France.
Laval (Urban de), maréchal de France.
Thémines (Pons de Lauzières de), maréchal de France.
Cossé (Artus de), comte de Secondigny, maréchal de France.
Villeneuve (Christophe de Chevrier, seigneur de), écuyer du duc de Mayenne, lieutenant général de l'État.
Ronsard (Gilles de), écuyer, maréchal de camp.
Salle (François de La), seigneur de La Garde, maréchal de camp.
Aymars (Scalin des), seigneur et baron de L Garde, général des galères.
Dupré, maréchal de camp.
Bastaros (Vidal de), capitaine.
Berzay (Jacques de), seigneur de Beaumont, capitaine.
Boller (Louis de), seigneur de Cental, capitaine du Mont-de-Vie.
Bourbon (Jean de), comte d'Enghien et de Soissons, capitaine.
Bourbon (Louis de), duc de Montpensier, capitaine.

Brotheron (Louis de), seigneur de Marival, capitaine.

Castera (Jean du), capitaine.

Chalabre (Gallien de), capitaine ordinaire de la marine du Ponant.

Cornuailles (Olivier de), capitaine de la marine du Ponant.

Abisse (Charles d'), capitaine d'une des galères.

Carbon de Mont, capitaine en Picardie.

Frète (Jean-Baptiste), capitaine.

Roilhac (Jacques d'Agout, seigneur de), capitaine.

Larchant (Nicolas de Grimonville, seigneur de), capitaine.

Le Fay (Jean Grisèle, sieur), capitaine en Picardie.

La Burthe (Barthélemy de), capitaine en Picardie.

Leaumont (Jean de), seigneur de Puygaillart, maréchal de camp.

Luetz (Gabriel de), seigneur d'Aramon, l'un des capitaines des galères.

Maillé (Arthur de), seigneur de Brézé, capitaine de la garde du Roi.

Montezud (De), capitaine.

Montmorency (François de), seigneur de Fosseux, capitaine.

Morin (Jean-Paul de), dit : capitaine Pardillan.

Neufville (Charles de), seigneur d'Allincourt, capitaine.

Pied-de-Fer (Jean de), lieutenant.

Orléans (François d'), marquis de Rothelin, comte de Neufchatel, capitaine.

Rouchault (Hector), capitaine de 20 archers ordonnés pour l'exercice de la justice de messeigneurs les connétables et maréchaux de France.

Sauzon (Maurice), capitaine de la marine du Levant.

Sèvre (Le chevalier de), capitaine des galères.

Tavannes (Jean de Saulx, vicomte de), capitaine.

Crémeaux (Jacques de), capitaine.

Bompart (Matthieu de), lieutenant.

Cousin, lieutenant.

Stainville (Charles de), seigneur de Poully, lieutenant.

La Grange (Charles de), seigneur de Montigny, lieutenant.

Mandelot (François de), lieutenant.

Moron (Estienne), dit Bourrienne.

Genouilhac (Jacques, dit Galiot de), grand-maître de l'artillerie.

Créquy (Georges de), guidon de la compagnie de M. d'Humières.

189-191. — *Ambassadeurs français* :

Biron (Jean Gontaut de), ambassadeur en Turquie.

Bourdillon (Imbert de La Plattière, seigneur de), ambassadeur à la Diète d'Augsbourg.

Hurault (André), seigneur de Maisse, ambassadeur à Venise, puis à Londres.

192-264. — *Gouverneurs de villes ou provinces, lieutenants-généraux :*

BERTAUT (George), gouverneur de Saumur pour DUPLESSIS-MORNAY.

BISONS (Géraut de BINQUE, seigneur de), gouverneur de Taillebourg.

BORDIER (Étienne LE), gouverneur de Vendôme.

BRANCAS (De), marquis de VILLARS, gouverneur du Havre.

BOURBON (Charles de), comte de SOISSONS, gouverneur et lieutenant-général de Normandie.

BOURBON (Claude de), comte de BUSSET, gouverneur et lieutenant-général du Limousin.

BOURDIC (Pierre de), capitaine de la Tour du bout du pont de Villeneuve-lès-Avignon.

CASTELNAU (Jacques de), gouverneur de Mont-de-Marsan.

CHASTE (Aymard de), gouverneur de Dieppe.

CHAMPLIRAULT (René de VEAUX, seigneur de), gouverneur de Montereau-faut-Yonne.

CHOUPPES (Pierre de), gouverneur de Loudun.

COMMINGES (Roger de), seigneur de SAUBOLES, gouverneur de Metz.

DADOU (Pierre), gouverneur de Mont-de-Marsan.

DAILLON (Guy de), comte du LUDE, gouverneur et lieutenant-général du Poitou.

DU MESNIL (François de BORES, seigneur), gouverneur de Saint-Dizier.

Sèvres (Le chevalier Michel de), grand-prieur de Champagne.

Donadieu (Pierre de), seigneur de Puychairic, lieutenant en Anjou.

Du Chastelet, gouverneur de Langres.

Duplaix (Antoine), gouverneur d'Aigues-Mortes.

Saint-Esteban (Jean de), gouverneur d'Acqs.

Faudouas (François de), seigneur de Gailhac, mestre de camp d'un régiment au gouvernement de Picardie.

Gand (Jean de), seigneur de Cauchy, lieutenant à Corbye.

Gasse (Justinien de La), lieutenant du prévôt général de Languedoc.

Gibertes (T. de), chevalier de l'ordre de Saint-Jean de Jérusalem, commandeur à Mâcon.

Glandaige (Claude de Bèze, seigneur de), gouverneur du Buys.

Guidon (Olivier de), seigneur d'Esclavolles, gouverneur de Thou.

Harlay (Louis de), seigneur de Saint-Aubin, commandant à Saint-Maixent.

Harsillemont (César d'), gouverneur du château de Saint-Vallery.

Hébert (Jacques de), seigneur de Ponceaux, commandant au château d'Épernon.

Isnart de Lille, gouverneur de Rue.

La Grange (François de), seigneur de Montigny, gouverneur et lieutenant-général du Blaisois et du Vendômois.

Le même, gouverneur de Paris.

Lions (Adolphe de), seigneur d'Espaux, gouverneur et lieutenant-général de Champagne.

Le même, gouverneur de Stenay.

Longueville (Marie de Bourbon, duchesse de) et d'Estouteville. — Nomination d'un capitaine gouverneur du château de Montreuil-Bellay.

Longaunay (Hervé de), lieutenant au gouvernement de Normandie.

Luynes (Léon d'Albert de), gouverneur de la Bastille.

Mailly (Gilles de), capitaine gouverneur de Montreuil.

Mandelot (François de), gouverneur et lieutenant-général du Lyonnais.

Mauléon (Antoine de), capitaine du château de Saint-Léger.

Montalan (François de Rachet, seigneur de), capitaine des portes de Calais.

Montmorency (Jacques de), gouverneur de Caen.

Morges (Gabriel de), seigneur de La Mothe-Verdeyer, gouverneur de Grenoble.

Mouchy (Jean de), seigneur de Senarpont, lieutenant-général de Picardie.

Moüy (Charles de), gouverneur de Saint-Quentin.

Myramont (De), gouverneur de Nogent-sur-Seine.

Orléans (François d'), comte de Saint-Pol, gouverneur et lieutenant-général de Picardie.

Le même, gouverneur de la ville et banlieue d'Orléans.

Orléans (Henri d'), duc de Longueville, gouverneur et lieutenant-général de Picardie, Boullenois, Artois et du pays reconquis.

Pignian (Segondin de), capitaine du château de Ham, près Calais.

Polignac (François de), gouverneur du Gévaudan et du Vélay.

Pontevez (Jean de), comte de Carces, lieutenant au gouvernement de Provence.

Orgereux (Gaspard Canson, seigneur des), gouverneur de Rue, en Picardie.

Rieux (Guy de), seigneur de Chateauneuf, gouverneur du château de Brest.

Rieux (René de), seigneur de Sourdéac, lieutenant en Basse-Bretagne.

Roche-Beaucourt (Jean de La), seigneur de Saint-Mesme, gouverneur de Saint-Jean-d'Angély.

Rochefort (Jean de), seigneur de Saint-Angel, gouverneur du Mâconnais.

Rochepot (De La), gouverneur et lieutenant-général d'Anjou et du Maine.

Rollé (Simon), lieutenant-général de Blois.

Saveuses (Louis de), seigneur de Bourguinville, gouverneur d'Estappes.

Souvray (Gilles de), gouverneur et lieutenant-général de Touraine.

Tevallé (Jean de), lieutenant-général au gouvernement de Metz et du pays Messin.

Thivollière (Jean de La), gouverneur de Montélimart.

Tour (Simon de La), capitaine du château du Fossaret.

Tourville (Élie Eulde, sieur de), gouverneur de Bayeux.

Valois (Charles de), comte d'Auvergne et de Clermont, gouverneur et lieutenant-général du Lyonnais, Forez, Beaujolais, Auvergne, Bourbonnais.

Vendômois (Antoine, duc de), gouverneur et lieutenant-général de Picardie et d'Artois.

Verdun (Nicolas de), agissant au nom d'Anne de Bueil, veuve d'Honorat, lieutenant-général au gouvernement de Bretagne.

Saint-Vidal (Antoine de La Tour, seigneur et baron de), gouverneur du Velay et du Gévaudan.

265-315. — *Magistrats, membres des cours de justice, des comptes, des aides et intendants des finances.*

Brulart (Nicolas), chevalier de Sillery, chancelier de France.

Bourgneuf (René de), sieur de Cucé, premier président du Parlement de Bretagne.

Faye (Jacques), seigneur d'Espaisses, premier avocat au Parlement de Paris.

Forget (Jean), président au Parlement de Paris.

Guellis (Vaillant de), président des enquêtes au Parlement de Paris.

Harlay (Achille de), premier président au Parlement de Paris.

Potier (Nicolas), seigneur de Blancmesnil, président au Parlement de Paris.

Rivière (Jacques de), seigneur de Granges-sur-Aube, conseiller au Parlement de Paris.

Molé (Édouard), seigneur de Saint-Rémi, conseiller au Parlement de Paris.

Girard (Charles), marquis de Villars, président à la Chambre des comptes, à Paris.

Guyot, seigneur de Charmeaux, président à la Chambre des comptes, à Paris.

Hurault (André), seigneur de Maisse, conseiller au Conseil d'État du Roi. (Voy. plus haut parmi les Ambassadeurs, p. 257.)

Luillier (Nicolas), seigneur de Saint-Mesmyn, président à la Chambre des comptes, à Paris, et prévôt des marchands.

Luillier (Jean), conseiller à la Chambre des comptes et prévôt des marchands.

Nicolaï (Antoine), premier président de la Chambre des comptes, à Paris.

Nicolaï (Jean), seigneur de Goussainville, premier président de la Chambre des comptes, à Paris.

Nicolaï (Bernard).

Regnard (Florens), seigneur de Saint-Jullien, premier président de la Chambre des comptes du Dauphiné.

Tambonneau, président à la Chambre des comptes, à Paris.

Verryer (Le), président à la Chambre des comptes, à Paris.

Bellièvre (Pompone de), superintendant des finances.

Bellièvre (Nicolas de), président au Parlement de Paris.

Brulart (Pierre), sieur de Crosne, secrétaire d'État et des finances du Roi.

Baillon (Claude de), grand audiencier de France.

Danguechin (Jean), seigneur de Verdilly, procureur général à la Cour des aides, à Paris.

Dougnyes (Louis), comte de Chaulne, superintendant des finances.

Forget (Pierre), seigneur de Fresnes, secrétaire des commandements du Roi.

Harlay (Nicolas de), conseiller du Roi en ses Conseils d'État et des finances.

Lefèvre (Louis), seigneur de Caumartin, président au Grand conseil.

Luillier (Nicolas), seigneur de Boulancourt, secrétaire des finances du Roi.

Maupeou (Michel), général sur le fait et gouvernement des finances en Languedoc.

Menucourt (Guillaume Reybre, seigneur de), trésorier général de France, à Rouen.

Mesmes (Henri de), maître des requêtes ordinaire de l'Hôtel.

Mesmes (Jean-Jacques de), seigneur des Arches, président au Grand conseil.

Montmorency (Charles de), conseiller au Conseil d'État et privé du Roi.

Morvillier (Jean de), conseiller du Roi en son Conseil privé. — Arnoul Boucher, premier président au grand conseil.

Neufville (Nicolas de), grand trésorier des Ordres du Roi.

Senneton (Antoine), président en la justice du Roi, au pays Messin.

Vieuville (de La), conseiller au Conseil d'État du Roi.

Viart, président de la justice, à Metz.

Lefèvre (Louis), seigneur de Caumartin, intendant de la justice, à Metz. (Voy. plus haut, p. 264.)

Tignoville (Jean du Monceau, seigneur de). — Sa nomination de grand prévôt de l'armée par Charles d'Alençon, comte d'Armagnac.

316-322. — *Prélats et Abbesses.*

Bourbon (Charles, cardinal de), archevêque de Rouen. — Dupin (Abraham), l'un des gentilhommes ordonnés pour sa garde.

Échaus (Bertrand d'), évêque de Bayonne.

Bourbon (Éléonore de), abbesse de Fontevrault, tante du Roi.

Bourbon (Louise de), abbesse de Fontevrault.

Clermont (Catherine de), abbesse de Montmartre.

324-339. — *Étrangers et Commandants des étrangers.*

Chateauvieux (Joachim de), capitaine de la garde écossaise.

Dommartin (François de), colonel d'un régiment de cinq cornettes de gens de guerre allemands.

Ducros (Jean), maréchal de camp des bandes de la Corse.

Gargan (François de), gentilhomme napolitain, écuyer de l'écurie du Roi.

Grisone (Decio), gentilhomme napolitain.

Kirburg (Fréderic, comte de), ringrave, colonel de reîtres.

Masses (Bertrand de), gouverneur de Saint-Florent et des frontières du cap Corse, en Corse.

Malespine (Gabriel), *scaldasel*, écuyer de l'écurie du Roi.

Moron (Gaspard), capitaine d'une compagnie d'Italiens et de Gascons.

Peitavy (Nicolas), lieutenant-général en deçà des monts.

Pinelly (Marc-Antoine), capitaine d'une des galères du Roi dans les mers du Levant.

Plato (Otto Celler Von), colonel de reîtres.

Raviglio (Giulio), capitaine de Bayeux, gentilhomme italien, sujet du duc de Ferrare.

Sernafiso (Cesare di Ponte di), gouverneur de Cental, nommé par le duc de Savoie.

Tosinghi (Petro Paulo), capitaine du château de Saint-Pol de Lenas.

Vallette (Bernard, seigneur de La) et de Caumont, lieutenant-général au-delà des monts.

Westbourg (Jarg, comte de), colonel de reîtres.

340-367. — *Personnages divers.*

Courtenay (Esme de), sieur de Bléneau.

Amon (Charles, baron d').

Dufenix (François), contrôleur des guerres.

Duras (Symphorien de Durfort, seigneur de).

Gaudevillière (Jean de La), capitaine.

Gauffier (François), seigneur de Crèvecœur et de Bonnivet, lieutenant-général de Picardie.

Hallée (Georges de La), gentilhomme de la suite du comte de Saint-Paul.

Hotman (François), seigneur de Mortefontaine.

Hotman (Jean).

Hurault (Henri), comte de Chiverny.

La Fayette (Louis de), seigneur de Pontgibaut, capitaine.

Lamarck (Robert de).

Montfort (François de).

Mangot (Anne), maître des requêtes ordinaires de l'Hôtel, président et juge général à Calais.

Mangot (Claude), maître des requêtes ordinaires de l'Hôtel.

Termes (Paul, seigneur de), sénéchal de Rouergue.

Urse (Tande d'), capitaine.

Ursins (Christophe des), seigneur de La Chapelle, capitaine.

Ursins (François des), marquis de Traguel, maréchal de camp.

Valois (Charles de), comte d'Auvergne.

Ventadour (Gilbert de Lévis, duc de).

1451. — *Portraits de* Montaigne. (Gravures.)

1-83. — De droite à gauche : 51 gravures,

15 lithographies, 7 photographies, 1 croquis, 1 calque.

84-206. — De gauche à droite : 81 gravures, 19 lithographies, 2 photographies, 3 calques.

207-213. — De profil : 7 gravures.

214-225. — En pied : 9 gravures, 1 lithographie.

226-239. — Reproduction de statues : 1 gravure, 1 lithographie, 4 photographies, 2 croquis de M. Brian.

240-263. — Portraits de Montaigne joints à ceux d'autres personnages : 14 gravures, 8 lithographies.

264-309. — Portraits en double : 34 gravures, 11 lithographies, 1 photographie.

310-345. — Sujets tirés de la vie de Montaigne : 24 gravures, 8 lithographies, 1 photographie.

346-427. — Portraits divers, en suites : 82 planches.

428-433. — Bilder-hefte zur geschichte des Bücherhandels... von Heinrich Lempertz. — *Koln, 1853,* in-fol : 4 planches.

1452. — *Pièces topographiques, plans et vues.*

1-78. — Château de Montaigne : 23 gravures, 21 lithographies, 12 calques et croquis, 11 plans.

79-98. — Habitation de Montaigne à Bordeaux : 1 dessin original du baron de Vèze (1813), 6 gravures, 8 lithographies, 4 plans.

99-105. — Tombeau de MONTAIGNE : 3 gravures, 4 croquis.

Villes.

106-133. — BORDEAUX : 15 vues, 8 plans, 1 carte.
134-183. — PARIS : 31 vues, 16 plans.
184-188. — PÉRIGUEUX : 3 vues, 1 plan.
189-199. — BROUAGE (Charente-Inférieure).
           GENSAC (Gironde).
           LIBOURNE.
           MONURT.
           ORLÉANS.
           ROUEN.
           VENISE.

Châteaux.

200-239. — AMBOISE (Indre-et-Loire).
           ANGOULÊME.
           AZAY-LE-RIDEAU (Indre-et-Loire).
           BAROU (Calvados).
           BAUMAIS (Calvados).
           BLOIS.
           BOUVERIE (LA) (Sarthe).
           CASTELET (Dordogne).
           CHALUS (Haute-Vienne).
           CHASSY (Saône-et-Loire).
           CHASTELET-NEUF (Saône-et-Loire).
           CHASTENAY (Sarthe).
           CHENONCEAU (Indre-et-Loire).
           CONDÉ (Charente-Inférieure).

Fénélon (Dordogne).
Fleix (Dordogne).
Gisy-les-Nobles (Yonne).
Mattecoulon (Gironde).
Maulny (Haute-Marne).
Montaigne (Dordogne).
Motte (De La) (Mayenne).
Poissonnière (La) (Sarthe).
Rocher-Mézangers (Morbihan).
Verteuil (Charente).
Villechétive (Nièvre).

Maisons situées dans les villes de :

240-244. — Cravan (Yonne).
Montpazier (Dordogne).
La Rochelle (Maison de Henri II et de Diane de Poitiers).
Toulouse.

Prieurés et Églises.

245-247. — Saint-Gaudulfe (Eure).
Saint-Martin-de-Gurçon (Gironde).
Saint-Nicolas-au-Bois (Aisne).

248. — Tombeau du général Beauchartie de Beaupuy, à Mussidan (Dordogne).

249. — Tour de Cordouan (Gironde).

Cartes.

250-263. — Béarn.
Dordogne.
Europe occidentale.

GIRONDE.
GUIENNE.
LOT.
NAVARRE.
SARLAT (Diocèse de).

1453. — *Médailles et Monnaies.* — *Meubles et Costumes.*

1° Annales archéologiques, par DIDRON aîné. — *Paris, Didron,* mars et avril 1851, tome XI, 2ᵉ livraison. (Extrait.)

2° Trésor de numismatique et de glyptique ou Recueil général des médailles, monnaies... gravé par les procédés de M. Achille COLLAS. — *Paris,* 1834. (26 pages de texte, 37 planches.)

3° Meubles du xvıᵉ siècle. (7 planches.)

4° Costumes divers du xvıᵉ siècle. (pl. 8-60.)

Xᵉ SECTION.

1454-1467. — Portraits à l'huile, statuettes, médailles.

COLLECTION DE M. J.-B. BASTIDE

Le département des manuscrits de la Bibliothèque nationale possède, indépendamment des documents rassemblés par M. J.-F. Payen sur la vie, les éditions et les amis de Michel Eyquem, un recueil de notes, remarques, lettres, etc., préparé par M. J.-B. Bastide (1) pour une nouvelle édition des Œuvres de Montagne.

Ces documents sont conservés dans quatre cartons qui portent les n°s 926, 927, 928 et 929; nous croyons être utile à ceux qui auront parcouru l'*Inventaire* de la collection J.-F. Payen, en leur signalant brièvement la nature des renseignements qu'ils peuvent trouver dans la collection de J.-B. Bastide. Ces documents sont divisés en douze liasses :

1° Notice sur les auteurs employés par Montagne.
2° Auteurs cités par Montagne.
3° Passages des œuvres de Montagne où il parle de lui; épître à Montagne.

---

(1) Jean-Baptiste Bastide, né à Berlin d'une famille d'origine française, est mort à Paris le 1er avril 1810, laissant à la Bibliothèque impériale ses livres et sa fortune.

4° Lettres diverses relatives à Montagne écrites à M. Bastide par MM. Cayla, Fauchet, Naigeon et plusieurs savants hollandais.

5° Notes sur diverses éditions des *Essais*.

6° Commentaires sur quelques passages des *Essais*.

7° Différences que présentent les textes de diverses éditions.

8° Passages de Montagne pour lesquels M. Bastide a adopté des leçons différentes de celles des éditions de Coste, soit par conjectures, soit par d'autres éditions.

9° et 10°. Notes préparées pour le livre III des *Essais*.

11° et 12°. Notes diverses, rebuts, etc.

Bordeaux. — Imp. générale d'Émile Crugy, rue et hôtel St-Siméon, 16.

www.ingramcontent.com/pod-product-compliance
Lightning Source LLC
Chambersburg PA
CBHW070738170426
43200CB00007B/569